中国石油大学(华东)自主创新科研计划后期资助项目(编号：18CX05023B)

油价波动非对称形成机制与影响

The Formation Mechanism and Influence of Asymmetric Oil Price Fluctuation

李治国　著

科　学　出　版　社

北　京

内 容 简 介

本书将石油经济学、产业经济学与计量经济学结合，以油价波动的非对称及其对国内物价水平的传导与影响为研究对象，以保障国家石油安全、降低油价波动对经济发展的风险为目的。通过研究国际原油价格、国内原油价格、国内成品油价格、国际市场石油期货价格波动的非对称性发现其中的波动机制与规律，进而分析这种价格波动的非对称对一般价格水平的传导机制，发现其中的一般机理，进一步通过数据的实证分析，发现油价波动的非对称对一般价格水平的影响力度。在此分析的基础上，提出规避风险的对策，以期对规避油价非对称波动带来的风险有所裨益，并为石油关联产业协调发展的相关战略制定和实施提供有益的参考。

本书适合与能源相关的政府部门、大型能源企业、科研院所研究人员阅读，也可以作为大中专院校能源经济学专业的教材。

图书在版编目(CIP)数据

油价波动非对称形成机制与影响 = The Formation Mechanism and Influence of Asymmetric Oil Price Fluctuation / 李治国著. —北京：科学出版社，2020.7

ISBN 978-7-03-065553-0

Ⅰ. ①油… Ⅱ. ①李… Ⅲ. ①石油价格-物价波动-研究 Ⅳ. ①F407.22

中国版本图书馆CIP数据核字(2020)第105575号

责任编辑：万群霞　崔元春 / 责任校对：何艳萍
责任印制：吴兆东 / 封面设计：无极书装

科学出版社 出版
北京东黄城根北街 16 号
邮政编码：100717
http://www.sciencep.com
北京九州迅驰传媒文化有限公司 印刷
科学出版社发行　各地新华书店经销
*
2020 年 7 月第 一 版　开本：720×1000　1/16
2020 年 7 月第一次印刷　印张：10 3/4
字数：217 000

定价：108.00 元
(如有印装质量问题，我社负责调换)

前　　言

　　石油是国民经济发展的基础能源，产业结构与能源结构的升级和优化提高了石油在我国经济发展中的重要性。作为经济稳定增长的保障之一，石油在我国产业和能源消费结构中的主导作用越来越显著。同时，我国的石油对外依存度逐年升高。2015 年石油对外依存度首次超过 60.0%，2018 年这一比例继续升高到69.8%，消费需求增长 7.0%。我国是全球最大的石油消费国之一，国际油价波动不仅关系着我国经济的平稳运行，也对世界范围内的经济发展有着深远持久的影响。

　　经济全球化使世界经济成为一个统一有序的整体，各国联系不断加强。来自外部因素的冲击，尤其是原油等国际大宗商品价格的波动，通过进口输入传导对国内经济增长、通货膨胀等经济变量产生重要作用。保持物价稳定是国家宏观调控政策的目标之一，并且其与充分就业、经济持续增长和国际收支平衡等其他目标的实现有着密切的联系。物价水平不仅与内部因素相关，国际油价等外部因素的冲击也会加剧物价水平的不稳定性。与国际原油市场的融合程度决定了国内原油市场与国际原油市场的相互影响程度，更反映了我国开放本国原油市场的程度，这与我国能源安全息息相关。我国原油价格的上涨和下跌对成品油价格的传导作用存在差异，2009 年和 2016 年我国两次实行新的成品油定价机制，并没有从根本上消除这种涨多跌少的局面。因此，研究油价波动的非对称性问题的意义就变得显著起来。

　　目前我国经济产能过剩状况逐渐显现，受产业结构转型升级和国际大宗商品价格持续走低等外部因素的共同影响，经济增长乏力，物价下跌。国内外学者将关于国际油价波动对物价水平非对称性传导研究的关注点放在了非线性传导的结果上，而忽视了传导机制和传递途径。与此同时，针对消费价格指数(CPI)不同组成和生产价格指数(PPI)传导效应的研究也比较少。本书将以上两个方面纳入研究的范围，并将传导途径归纳概括为三条主线，即国际油价对 PPI 的传导、对 CPI 的直接传导和对 CPI 的间接传导。

　　因此，本书以油价波动非对称作为主要研究对象，立足于中国能源实际与现实需求，同时结合世界能源发展态势与变化，以提高石油能源利用效率、保障国家能源安全、降低油价波动对经济发展的不利影响为主要研究目的。这种油价波动主要研究的是国内原油价格、国际石油价格、国内成品油价格波动的非对称性及其影响，以及油价波动对其他消费品、生产资料影响的非对称性，进而研究油价波动对整个宏观经济影响的逻辑机理与实际效果。在相关理论和实证研究的基础上,本书提出如何利用油价波动的非对称性及其影响,为石油产业及其相关产业健康有序地发展提出政策建议。

本书研究的意义一是补充已有相关文献关于油价波动对我国物价水平传递机理和渠道的不足,重点从产业链角度分析传导路径。同时将总的价格水平划分为消费价格指数(CPI)和生产价格指数(PPI)。CPI 细分为食品类、衣着类、交通通信类和居住类等八类。PPI 细分为燃料动力类、有色金属类、化工原料类等九类。分别从垂直和水平方向探究国际原油价格震荡对不同类型价格水平的传导过程,并考察分析了国际油价波动、PPI 和 CPI 之间的关联关系。二是从理论和实证方面分析油价长短期震荡对国内物价水平传导的不对称特征,为我国制定经济政策、控制物价水平和促进经济健康平稳地发展提出建设性意见与对策。

本书的主要特色有如下两点。

(1)研究方法上,针对各种石油价格波动非对称问题,提出了一些新的模型。例如,利用不对称误差修正模型来分析中国原油价格和成品油价格的对称关系;运用 Elzinga-Hogarty(E-H)检验从市场边界层面,以及建立向量自回归模型从价格影响层面对国际国内原油市场的融合进行测度;以国际原油期货价格与国内原油现货价格为样本建立不对称误差修正模型,利用累计调整函数获得两者相互作用的完整路径;利用结构向量自回归(SVAR)模型分析国际上相关国家石油价格波动的非对称比较的时间序列路径。这些模型既有针对性,又具有推广性。

(2)针对国际国内石油市场价格波动非对称性的复杂性,从成本、通货膨胀、货币政策三个维度进行测度。

与本书内容相关的研究工作得到了中国石油大学(华东)自主创新科研计划后期资助项目(编号:18CX05023B)的支持,在这些研究工作和本书的写作过程中得到了诸多同事的热情帮助,他们包括周鹏教授、王军教授、郑海东教授、高新伟教授、范秋芳教授、周德田教授、黄秉杰教授等,在此对他们表示诚挚的谢意;同时还要感谢我的硕士研究生魏冬明、孙志远、韩程、潘翠莹、齐素素、王杰、赵越、杨庆、车帅、吴茜、郭景刚等在资料收集、数据处理、论文发表和书稿校对等具体事务方面给予的帮助!同时本书参考了相关学者的研究成果,在参考文献中未能一一列出,在此一并表示感谢。

限于知识范围和学术水平,书中难免存在不足之处,恳请读者批评指正!

李治国

2020 年 3 月

目　　录

第1章 导 论

石油作为重要的基础原料之一，被称为"国民经济的血液"，在国民经济各部门、各行业中被广泛应用。随着经济的快速增长，我国对石油的使用量和进口依赖程度都在不断上升。2001年，我国的原油进口量仅有6000万t，石油进口依存度为30.0%；2009年我国的原油进口量激增至2.04亿t，石油进口依存度为51.3%；2019年我国的原油进口量更是高达5.05亿t，石油进口依存度进一步上升至72.0%。而进入21世纪以来，由于地缘政治和国际炒家投机，国际市场原油价格出现剧烈波动。欧洲北海布伦特原油价格由2003年初的31.29美元/Bbl①迅速上涨至2008年8月的133.9美元/Bbl（为历史最高水平），4个月后又快速回落至41.58美元/Bbl，2009年后又开始逐步回升，2011年4月油价攀升至123.15美元/Bbl。2014年开始了新一轮油价暴跌，最低价格不到20美元/Bbl，2019年稳定在30～40美元/Bbl。与此同时，我国的物价水平也经历了一个大起大落的过程。消费价格指数（CPI）在2009～2013年一直保持在3%左右，与此同时，2007～2008年我国的生产价格指数（PPI）快速上升，之后开始回落，然而进入2010年后又一次逐渐攀升，2013年6月我国的PPI同比增长了7.1%，7月PPI更是同比增长了7.5%。2014～2019年这6年CPI年平均成长率接近2%，而PPI不到1%。

1.1 相 关 概 念

1.1.1 价格水平

价格水平是指一个国家或地区整个经济的一般物价水平，用来衡量和反映目标市场的产品供求状况，一般由价格指数来测度。CPI、PPI和GDP折算指数（GDP deflator）是衡量物价水平的三种主要指标。

（1）CPI表示的是一定时期内居民购买的用于生活消费的最终产品和服务的价格变化状况，综合反映了消费市场的供需状况。

（2）PPI表示的是一定时期内包括工业企业直接出售商品和中间商品在内的全部工业品的价格的总体变化状况，主要反映了生产资料市场的供需状况。

（3）GDP折算指数具体表述为名义GDP和实际GDP之比，即

---

① 1Bbl=1.58987×10^2dm³。

$$GDP折算指数 = \frac{名义GDP}{实际GDP}$$

GDP 折算指数的核算范围更加广泛，涉及全社会所有最终产品和服务。因此，GDP 折算指数可用来说明国内经济总的一般物价水平，反映宏观经济的整体状况；而 CPI 和 PPI 反映的是消费和生产领域的价格水平。

1.1.2　国际原油价格传导

国际原油价格传导是指国际油价波动沿着传导路径依次通过中间产品价格和中间环节费用、消费品和服务价格，最终传递至国内物价水平。国际原油价格传导内容包括传导途径、传导速率和传导强度。

传导途径包括上下游环节间的垂直传导和水平市场间的空间传导。垂直传导是以产业传导为主的上下游部门和产品之间的价格传递，其主要是通过中间产品成本价格变动来进行传递。空间传导是指国际油价波动通过在不同空间市场的传导，最终影响不同类型的价格水平。国际油价的空间传导产生的原因是油价波动与物价水平的组成不同及物价水平之间是相互关联的。

油价波动对价格水平的影响会出现传导性。传导速率则是指物价水平对油价变化反应的敏感程度。物价水平对油价的反应越敏感，滞后期越短，传导速率越快；反之，传导速率越慢。

传导强度衡量的是油价变动对国内价格水平的作用程度，分为分期传导强度和总传导强度。总传导强度是所有分期传导强度的总和。价格的传导路径是否通畅、传导速率等都会影响传导强度的大小。

1.1.3　油价传导非对称性

油价波动与物价水平之间的传导非对称性主要体现在传导的差异性方面，一般体现为油价上涨和下跌、调整幅度的不同及传导速率的不同。

受政府管制、垄断等非市场因素的影响，国际油价上涨和下跌时，国内物价水平对其的反应程度存在差异。特别是受到来自垄断力量的利润剥削，油价下跌，难以传导至产业链中的下游环节，物价水平下降幅度减弱。调整幅度不对称指油价变动幅度与物价水平调整幅度表现得不完全一致。受到多种因素的阻滞，油价波动幅度并不能完全反映到价格水平调整上。

传导非对称的原因有市场势力、存货管理和价格黏性。垄断力量和价格管制等市场势力的存在阻滞了价格传导，从而导致传导的差异性。此外，存货管理也是导致传导非对称的一个关键因素。当原油价格大幅下跌时，企业和国家出于战略考虑会超出需求大量增加库存，这使油价下跌的传导效应大于油价上涨的传导效应。价格黏性的存在使企业不会因油价波动带来成本变动进而以相同幅度调整商品价格。

1.1.4 价格合约形式

合约(contract)是商品贸易顺利进行的基础和法律保证。交易商品的价格、数量、交货期是交易合约中最关键的因素。根据所交易商品价格确定方式的不同,可将合约分为固定价格合约(fixed price contracts)、可重新协商的价格合约(renegotiated price contracts)与现货价格合约(price at delivery contracts or spot price contracts)三种基本类型。固定价格合约是指合约中已经事先约定了交易时的价格,即价格已经事先确定。可重新协商的价格合约是指事先确定的价格只有在非正常情况下可进行调整,即在交易前已事先确定了价格,但若遇到非正常情况,可根据变化情况对价格进行适当调整。现货价格合约是指合约中未事先确定一个固定价格,而是以交货时的市场价格为合约价格,即价格无法事先确定。

1.1.5 石油贸易中的价格合约形式

从 20 世纪 70 年代到 80 年代中期,世界石油市场一直存在着固定价格的长期贸易合同和现货市场合同。虽然石油价格从根本上说是由供求关系决定,或者说供求关系是影响石油价格变化的最重要因素,但回顾世界石油价格定价机制的演变过程可以发现,定价机制对石油价格波动也具有重要影响。从国际原油贸易中期限合同(term contract)定价方式的演变过程看,国际原油价格的定价机制演变大体经历了三个阶段:以国际石油公司为主导的标价(post price)阶段、以石油输出国组织(OPEC)为主导的标价阶段、期限合同价格与现货价格的联动定价(linked price)阶段。前两个阶段的期限合同定价实际上是事先就已经确定了交割时的价格,即采用的是固定价格合约。而第三个阶段的期限合同价格与现货价格的联动定价表明期限合同的价格已不再事先确定,即不再具有固定价格的特征,而实际上成为一种现货价格合约。

1.1.6 价格合约形式的变化与价格波动

由于既存在长期合同市场,又存在现货市场,对于同样的产品来说,客观上就会存在两个均衡价格,一个是长期合同价格,通常是固定价格合约,价格事先约定,另一个是现货市场价格。

在现货价格合约和固定价格合约并存的情况下,短期冲击发生时,并不会对处于长期合同约定的价格产生影响,但会影响到新的长期合同的价格,并且会马上对现货市场价格产生影响,这样对于交易双方来说,原油交易的平均价格取决于两种合约在贸易中的比例。

当石油在两个市场中存在两个均衡价格时,两个价格之间是否会相互影响,以及哪一种价格合约形式会成为最优选择就成为有价值的问题。在研究短期冲击对石油价格的影响时，有的学者从石油市场的双层价格体系入手研究石油市场短期冲击对石油现货价格和合同价格的影响。

在固定价格合约与现货价格合约并存的情况下，固定价格合约中固定价格的确定实际上受到现货价格变化的影响。合同价格的调整受现货价格调整的影响，并具有滞后性。Hubbard(1986)研究了世界石油市场中共存的短期现货价格与长期合同价格的双价格结构及石油市场中出现的暂时冲击对两种价格的影响，得出的基本结论是：暂时冲击对现货价格和合同价格都会产生影响，甚至暂时冲击会对合同价格产生持续性的影响。现货价格与合同价格的关系取决于长期价格对暂时冲击的调整方式。随着现货市场贸易量占全部贸易量比重的增加，暂时冲击对合同价格影响的持续性将会减弱。

世界上主要的石油现货市场有美国的纽约、英国的伦敦、荷兰的鹿特丹和亚洲的新加坡。20 世界 70 年代以前，这些市场仅仅是各大石油公司相互调剂余缺和交换油品的地方，石油现货交易量只占世界总石油贸易量的 5%以下，现货价格一般只反映长期合同超产的销售价格。因此，这一阶段的石油现货市场称为剩余市场。1973 年石油危机后，随着现货交易量及其在世界石油市场中所占比重逐渐增加，石油现货市场由单纯的剩余市场演变为反映原油的生产和炼制成本、利润的边际市场，现货价格也逐渐演变为石油公司和石油消费国制定石油政策的重要依据。为了摆脱死板的定价束缚，一些长期贸易合同开始和现货市场价格挂钩。这种长期合同与现货市场价格挂钩一般采用两种方式：一种是按周、按月或按季度通过谈判商定价格的形式；另一种是以计算现货价格平均数(按月、双周、周)来确定合同价格的形式。石油现货市场有两种价格：一种是实际现货价格；另一种是一些机构通过对市场的研究和跟踪对一些市场价格水平所做的评估。长期贸易合同与现货价格挂钩意味着长期贸易合同的价格稳定性不复存在，并且长期贸易合同的价格不再是事先确定。长期贸易合同计价方式的变化客观上造成了国际原油价格的波动更加频繁。

1.1.7　价格合约形式变化与石油期货市场发展

由于最初的现货市场规模很小，供给领域或消费领域的暂时冲击会造成现货价格大幅波动，最明显的例子是 20 世纪 70 年代的两次石油危机。在 80 年代中期以后，当买卖双方签订的合同不再是固定价格合约，而是一种现货价格合约后，尽管石油贸易中的大部分贸易并不是直接在现货市场进行的，现货市场价格的影响力显然进一步加强了。当现货价格合约广泛使用后，石油贸易中的长期合同关系依然存在，但长期合同价格与现货价格挂钩机制的建立消除了价格刚性，石油价格的频繁调整就成为必然。现货价格合约的大量使用使石油期货市场在价格发现和规避风险方面的作用得到强化。事实上，在固定价格合约占主导地位的情况下，即便推出石油期货产品，也难以成功，因为事先确定好了交易价格，买卖双方就没有规避价格风险的要求，这也是 70 年代伦敦国际石油交易所(IPE)虽推出石油期货产品但未能成功的根本原因。而在经历了两次石油危机后，随着现货市场规模的扩大，现货价格的频繁波动就产生了规避价格风险的需求，石油期货合约的推出也就具备了成功的基础条件。

1.1.8　期货价格对现货价格与合同价格的影响

在现货价格合约成为长期合约的主导形式之后，对石油市场中的交易双方来说，他们都会面临价格的不确定性，同时，在现货价格交易中，确定现货价格时将会越来越关注一些现行价格的指示作用，而期货价格恰恰是最被广泛采用的现行价格。事实上，在国际经济活动中，许多重要商品在国际、国内贸易中价格的确定，通常以该成交商品活跃、流动性好并且普遍为市场认可的期货价格作为基准价，在此基础上，根据具体交易商品品质的差别及其他具体条件，用升贴水的方式对基准价进行调整，最终确定实际成本价格。在世界石油价格体系中，石油期货市场也已成为市场交易的重要基准价，其中纽约商业交易所(NYMEX)的西得克萨斯轻质原油(West Texas Intermediate)期货价格和洲际交易所(ICE)的布伦特(Brent)原油期货价格已经分别成为北美和欧洲原油定价的基准价。

理清了现货价格、期货价格与长期合同中所确定的价格方式之间的关系后，可以发现长期合同中价格形式的确定受到双重因素的影响：一方面，供求层面任何因素的变化都会首先反映在期货市场上，即当期的事件会影响未来的价格预期；另一方面，期货价格成为确定当期价格的重要现行指标，期货价格又直接对当期价格的制定产生重要影响。由于期货市场的性质和参与者与现货市场存在较大差别，由原油现货市场中供需双方确定的交易价格演变为由期货市场和现货市场的参与者共同参与决定现货市场的交易价格。例如，从世界上最大的石油期货市场——纽约商品交易所近年来的参与者构成来看，石油交易占比超过 40%，机构投资者、对冲基金占 30% 左右，石油生产、加工、消费及运输业占 30% 左右。也就是说，机构投资者、对冲基金等投机性力量更多地参与了期货市场。根据美国商品期货交易委员会(CFTC)的报告，在 NYMEX 的轻质原油市场上，摩根士丹利、美林集团、瑞士信贷银行等世界著名投资银行都是石油期货的积极参与者。投资银行在石油市场的利益决定了其研究报告可能存在市场炒作成分。

随着石油期货市场的发展和期货市场影响力的增强，石油已不再是一种单纯的能源商品，而被视为一种像股票和债券一样的金融资产，石油期货市场与外汇市场、股票市场、黄金市场的互动性明显增强，即石油期货价格已不再单纯受现货市场供求关系变化的影响。石油期货市场的活跃与石油现货市场价格的大幅度波动进一步增强了期货市场的吸引力，而期货市场影响力的增强则进一步强化了其对现货价格的影响力。随着基金等投资主体将石油期货作为重要的投资品种，石油期货受现货市场供求关系变化的影响逐渐减弱。

石油期货市场的成交量持续放大。2006 年，期货市场上 WTI 和 Brent 全部合约的日成交量为 45.9 万手(每手为 1000Bbl)，大概相当于当年全球石油日产量的 5.57 倍。2008 年，期货市场上 WTI 和 Brent 全部合约的日成交量已达 9.6 万，相当于当年全球石油日产量的 9.61 倍。2011 年，期货市场上 WTI 和 Brent 全部合约的日成交量已达 118.9 万手，相当于当年全球石油日产量的 14.16 倍。2015 年，期货市场上 WTI 和 Brent 全部合约的日成交量已达 193.2 万手，相当于当年全球石油日产量的 16.3 倍。

由于石油期货市场对石油定价影响力的增强，越来越多的研究开始关注石油期货市场对石油价格的影响。石油的金融属性主要体现在三个不同的层次：一是作为融资工具与商业金融机构的关系日益密切；二是作为资产类别与商业金融机构的关系日益密切；三是作为政策变量与金融调控机构的关系日益密切。由于期货市场具有双向交易的特点，包括对冲基金等各类以获取价格波动收益为主要目标的大量投资者进入石油期货市场，国际油价波动幅度逐渐变大。

1.2　石油价格形成机制沿革与分析

1.2.1　可耗竭资源的价格决定 Hotelling 模型

石油是经过数以亿年的演变而形成的一种矿产品，地层必须满足一定的地质条件，才有可能形成具有商业开采价值的油流。石油资源由此被认为是一种不可再生资源或可耗竭资源。

研究者最常引用的石油价格参考文献是 Hotelling(1931)最先提出的可耗竭资源模型。Hotelling(1931)把资源当作一种埋藏在地下的资产，目标是寻找一种最优的定价方法使得净现值最大。其结论是资源价格增长率应与贴现值相等，这就是被研究者广泛引用的 Hotelling 法则。也就是说，如果资源所有者开采资源资本所得的收益增长率低于利率，他就偏向于把资源埋藏在地下；如果高于利率，其则偏向于开采，以期得到更高的净现值。

由于不同的市场结构对价格产生不同的影响，Hotelling 分别就自由竞争和垄断的市场结构进行了研究。在自由竞争情况下，厂商在不同时期开采相同数量的资源所获收益的贴现值应该相等，否则他将选择贴现值最大的时期把资源都开采出来。如果石油资源开采不集中在一个时期，则石油价格的上涨幅度必然等于利率，因为如果预期石油价格上涨幅度大于利率，厂商就会选择减少当期石油资源开采，而让其埋藏在地下等待升值，而当期石油供给减少将推动现期价格上涨；如果预期石油价格上涨幅度小于利率，厂商会增加当期石油的开采，使收益加速变现，而本期供给增加将促使价格下降，这又会增加未来油价的上涨幅度，直到石油价格上涨幅度等于利率，从而决定最佳开采量。在垄断市场上，由于垄断厂商可以控制价格，厂商会选择一个最优产出路径使自己总收益的现值最大化，由最优产出路径确定最优价格路径。根据最优化的一些条件所确定的最优开采量就是使不同时期石油开采量的边际收益上涨幅度等于利率。

Hotelling（1931）认为，存在完全资本市场的情况下，未来的竞争可以被明确地预测到当市场达到均衡时，不可再生物品的价格与开采这种物品的边际成本间的差额总是正的，并且它会随着利率的上升而变大。因此，与一般物品不同，即使是在完全竞争的条件下，不可再生资源的价格与生产它的边际成本也是不相等的。即使一种不可再生资源开采出来后毫无价值，它的销售也是会大于 0 的，这是对资源拥有者将资源保存至今的一种报酬。

在垄断的市场结构下，由于垄断者可以通过限制产量的方式来提高价格，与竞争的市场结构相比，在产量衰减之前，垄断市场结构下不可再生资源产品的价格会高于竞争市场结构下的价格，但在达到产量峰值点之后，垄断结构下的价格将会低于竞争结构下的价格。

Hotelling 的研究为分析可耗竭资源的价格趋势奠定了理论框架，按照Hotelling 的结论，可耗竭资源的实际价格应呈稳步上升的趋势，但包括石油等众多矿产资源产品在内的可耗竭资源产品的历史价格走势并不支持 Hotelling 的研究结论。以原油价格为例，从原油价格的历史走势来看，按照不变价格计算，原油价格并不是呈稳步上升的趋势，而是表现出较大的波动性。由于 Hotelling 的研究结论与事实的客观差异及客观要求，需要对 Hotelling 的研究成果进行进一步完善。

Schmidt（1988）沿着 Hotelling 的分析框架进行了进一步的研究，发现 Hotelling 研究的结论与资源产品的历史价格走势不相符的根本原因在于 Hotelling 研究结论中的前提假设与资源产品市场的真实状况并不一致。Hotelling 研究结论中的前提假设包括资源储量是已知的，没有开采成本，没有出现技术变化，需求是静态的。但从资源产品勘探、开采及供求变化的历史来看，探明资源储量是不断变化的，没有开采成本的假设显然不符合实际，而技术变化对于资源产品市场的供求变化具有重要意义，需求也并不是已知或者可以准确预测的。

Schmidt（1988）、Pindyck（1980）从放宽 Hotelling 研究的假设前提入手，对可耗竭资源的最优开采路径和价格变化进行了进一步的研究。在他们的研究中，特别是对资源储量不确定条件的可耗竭资源的最优开采路径和价格变化进行了分析，研究发现，未预期到的资源变化会造成最优开采路径和价格的变化，突然的、未预期的探明资源储量的增长造成了价格轨迹的下降。除了关注探明资源储量的不确定性对资源开采路径和资源价格的影响外，一些研究者还研究了内生勘探行为变化对资源价格路径的影响，Arrow 和 Chang（1982）的研究发现，在已知资源储量减少、资源价格上升时，资源开采将会加速；而随着新的、重要资源的发现，勘探速度将趋于减慢，直到资源的稀缺性再次变得重要。Arrow 和 Chang（1982）的研究意味着资源价格将会随资源储量变化呈现时而上升时而下降的路径，而几乎不存在稳步上升或稳步下降的显著倾向。

对资源的需求是已知和可预测的是 Hotelling 模型中的另外一个关键假设。然而在现实中，资源使用模式的变化、技术变革等诸多因素都会造成资源需求的频繁变化，这显然与 Hotelling 模型中的假设存在显著差异。因此，Schmidt（1988）研究了需求的不确定性对资源价格的影响。从短期来看，绝大多数的资源需求是高度无弹性的，但从长期来看，替代品的出现和发展将会造成资源需求的突然变化，而当资源需求发生变化后，原来预期的资源消费路径将会改变，并由此造成资源最优开采路径的变化。例如，1979～1980 年油价的大幅度上涨导致节能技术的大量投资和其他能源的发展，而这又造成随后对 OPEC 石油需求的减少和油价的下跌。

在信息完全的情况下，资源生产者将能够对给定价格路径下的所有反应以明确预期，并因此能够选择一个避免资源价格下跌的路径进行生产。然而，在现实中出现的资源价格下降的现象表明信息问题对资源价格变化具有重要影响。无论是资源储量的变化、需求的变化，还是开采成本等方面的变化都意味着交易双方信息条件的变化，或者说信息完全虽然可以假定，但在现实中很难达到，而信息不完全将导致价格不稳定。

Hotelling 的研究在一系列严格假设下证明了可耗竭资源的价格长期将呈现稳步上升的趋势，而 Schmidt（1988）的研究则从资源价格变化的历史入手，证明了资源储量等条件的变化，如不确定性造成了资源价格的不稳定性。但无论是 Hotelling 具有开创意义的研究，还是 Schmidt 沿着 Hotelling 的研究框架所进行的后续研究，几乎所有的研究成果都遵循了经济人收益最大化的假设，在此假设下，其都是根据不同的外部条件（如资源储量是否已知、是否有开采成本、需求是否发生变化及可否预测、替代品发展的前景等）来研究特定条件下最优价格和开采的路径。显然，Hotelling 模型恰恰是其中最简化的一种。从研究方法论的角度观察，Hotelling 及后续研究者在研究石油价格的长期趋势，即石油开采的最优价格路径时，并不存在方法论上的根本差异，而研究结论上的差异主要是由不同的前提假设造成的。将研究者的研究结论与石油价格变化历史进行比较可以发现，研究者的研究结论与石油价格变化历史相吻合的程度主要取决于研究的假设前提与石油市场的真实情况相吻合的程度。

1.2.2 国际原油价格传导理论

对任何商品的价格变化进行分析，供求始终是第一位的因素，分析国际原油价格也不例外。虽然经济学工作者、市场人士和行业内的参与者都在持续进行石油市场供求及价格的分析工作，但经济学工作者与其他市场分析者的差别还是比较明显的，这表现为经济学工作者更注重将市场结构和市场参与者行为纳入分析框架中，并重视运用经济学的分析模型来解释和实证检验石油市场结构、供求和参与者行为等的变化，以及由上述变化所造成的石油价格变化。

1973 年的石油禁运改变了第二次世界大战后国际原油价格相对稳定的状况，国际原油价格的大幅度上涨及由此出现的西方主要石油消费国经济的衰退现象激发了研究者对石油价格的研究兴趣，在 1973 年的第一次石油危机之后，研究石油市场和石油价格的文献明显增多。

1. AD-AS 传导理论分析

总需求-总供给(AD-AS)模型是宏观经济学分析常用的模型。AD 和 AS 曲线交点的横纵坐标分别表示均衡状态下的均衡产出和均衡物价水平。任何外部冲击都会导致 AD 和 AS 曲线的移动。因此，AD-AS 模型能够十分清晰明了地刻画国际油价波动冲击时，产出和物价水平的变动情况。以石油价格上涨为例，作为两个不同的阶段，需求拉动和成本推动都会导致国内物价水平上涨。事实上，石油价格上涨，通过成本推动首先推高物价水平，进而推动需求，最后物价水平进一步抬高。成本推动与需求拉动两个效应会循环相互作用，呈螺旋上升式推高国内物价水平。

图 1-1(a)中，经济初始状态为均衡状态 E_0，y^* 为充分就业产量。原油价格上涨、原油进口及以原油为原材料的产品供给减少，AS 曲线向上平移，由 $AS_0 \rightarrow AS_1$。此时，在 AD 不变的情况下，物价水平由 P_0 上升到 P_2。在进口成本推动的过程中，如果 AD 保持不变，则会导致一部分石油相关产品 (y^*-y_2) 过剩。为避免出现 AD 不足造成的产出下降和失业恶化的问题，政府往往会采取积极的

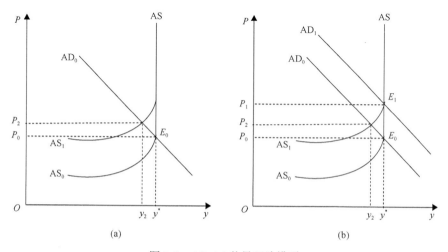

(a)　　　　　　　　　　　　　(b)

图 1-1　AD-AS 传导理论模型

货币政策和收入政策，通过降低利率和提高工资来刺激 AD。此时，AD_0 向右平移，即 $AD_0 \to AD_1$，又达到了新的均衡点 E_1，而物价水平则进一步从 P_2 上升到了 P_1。依次类推，国际原油价格上涨在进口成本增加和总需求的循环相互作用下，国内物价水平呈现出螺旋上升的状况。然而，政府的宏观政策和价格传递的惯性在公众形成的预期下使这种趋势得以强化。

2. 一般均衡市场间传导分析

一般均衡理论分析的前提条件是将所有相关市场看作一个整体，该理论避免了油价对物价水平传导研究的片面性。一般均衡理论框架下，要求国际油价对物价水平的传导不仅体现在对下游产品的影响，还包括其他相关市场的价格变动，在上下游市场相互作用下，最终达到新的均衡状态，同时涉及上下游产品间的垂直传导和空间市场间的水平传导，充分考虑了相关市场的表现。

为了便于分析，假设经济体系中包括四个市场(图 1-2)，其中图 1-2(a)为国际原油市场，图 1-2(b)为原油替代品市场，图 1-2(c)为原油下游产品市场，图 1-2(d)为下游产品互补品市场。前提假设是四个市场的初始状态为均衡，P_a、P_b、P_c、P_d、Q_a、Q_b、Q_c、Q_d 分别为四个市场的均衡价格和均衡产量。

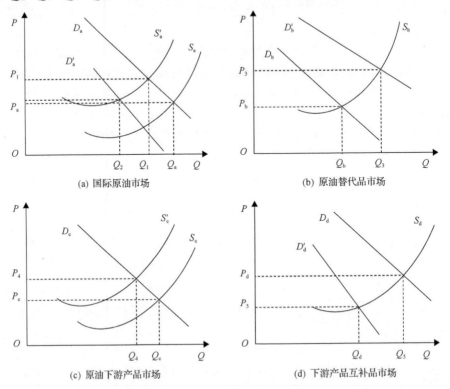

(a) 国际原油市场　　(b) 原油替代品市场
(c) 原油下游产品市场　　(d) 下游产品互补品市场

图 1-2　一般均衡市场间的关系

以国际原油价格上涨为例。国际原油价格上涨,图 1-2(a) 中原油价格从 P_a 上涨到 P_1。此时,原油下游产品市场供给下降,图 1-2(c) 中的供给曲线 S_c 向左平移至 S_c'。在初始需求不变的情况下,原油下游产品均衡价格由 P_c 上涨为 P_4。当国际原油价格上涨引起原油替代品需求上涨时,图 1-2(b) 中的需求曲线由 D_b 右移至 D_b',在供给不变的情况下,与供给曲线 S_b 相交,形成新的均衡价格 P_3。国际原油价格上涨推高了下游产品的生产成本和销售价格,这直接导致图 1-2(d) 中下游产品互补品需求量减少,即需求曲线由 D_d 左移至 D_d',新的需求 D_d' 与供给曲线相交形成了新的均衡价格 P_5。因此,国际原油价格上涨引发了原油下游产品价格上涨、下游产品互补品价格下跌和原油替代品价格上涨。然而三个相关市场的价格变动又会对国际原油市场产生反馈作用。原油的市场需求随着下游产品价格的上涨而减少,因此其需求曲线左移。原油替代品价格上涨的结果则是增加了原油需求量。下游产品互补品价格下跌则会直接造成原油需求增加。国际原油市场与相关市场经持续调整试探后,最终形成新的均衡状态。

1.2.3 石油价格体系的含义和国际油价的变化趋势

广义的石油价格是指石油产业中一系列的产品价格组成的价格体系。石油价格有很多分类标准:按照地域分类,石油价格可以分为国内石油价格和国际石油价格;按照交易的方式分类,石油价格可以分为石油现货价格和石油期货价格;按照产品的加工过程分类,石油价格可以分为原油价格和成品油价格,其中成品油价格按照产品种类还可以分为汽油价格、柴油价格和燃料油价格等,按照成品油的流通过程还可以分为批发价格和零售价格。其中,国际石油价格与国内石油价格之间的关系、石油现货价格和期货价格之间的关系是研究石油价格形成机制和波动的重要内容。

国际油价从 2014 年夏天的 107.68 美元/Bbl 一路跌到了 2016 年 1 月下旬的 30.00 美元/Bbl,下跌了 72%,回到了 2003 年的上升起点。世界经济在网络泡沫后历经了 2008 年的全球金融危机、欧洲债务危机和美元量化宽松,再到退出量化宽松,徘徊于增长低谷,中国却在这十多年间上升为世界经济产出第二、国际贸易总量第一的经济大国。但是,在这个高潮后进入以产业升级和中高速发展为特征的经济的常规性状态。似乎新兴经济体快速发展拉动能源需求的时代已经告一段落。未来国际油价变化趋势如何?这是能源供需形势出现新变化条件下所必须回答的问题。

从已有的历史数据来看,国际石油价格的历史波动趋势可以划分为六个明显不同的阶段。在早期的石油工业时期,由于七个大型的石油跨国公司[以下简称七大石油公司,分别是埃克森公司(Exxon Corporation)、美孚石油(Mobil)、雪佛龙股份有限公司(Chevron Corporation)、德士古公司(Texaco)、海湾石油化学公司

(Gulf Oil Chemicals Company)、荷兰皇家壳牌集团(Royal Dutch/Shell Group of Companies)、英国石油公司(BP)几乎垄断了全球的石油生产和提炼，加上人们对石油资源的依赖性起伏不定，国际油价出现了剧烈震荡，这一阶段称为石油工业发展早期的"剧烈波动期"。第二次世界大战结束以后，直到第一次石油危机爆发之前，世界石油市场的竞争主体从以往的寡头垄断演变成大型石油跨国公司和OPEC 并存的垄断竞争，国际油价在这一时期始终在一个较低的水平徘徊调整，这一时期称为"低位徘徊期"。

随着 OPEC 在 20 世纪 70 年代对国际油价的控制力达到顶峰，并相继引发了两次全球性石油危机，国际油价出现爆炸性上涨，这一时期称为"波动剧烈期"。此后，非 OPEC 产油国大幅度提升石油出口量，使 OPEC 的控制力逐步下滑，国际油价呈现下调趋势，这一时期称为"震荡调整期"。进入 21 世纪，石油价格再次出现快速上扬态势，创造了历史上最高的油价——147 美元/Bbl。然而 2008 年金融危机的爆发造成国际油价一路狂跌，名义油价的最低水平接近 40 美元/Bbl。将2000 年初至金融危机爆发前夕的时期称为"强势上涨期"，而将金融危机之后的时期称为"金融危机冲击后的调整期"。

本节在上述各个阶段石油价格波动趋势分析的基础上，同时考察了世界石油价格体系可能发生的历史演变过程。这是因为国际油价的历史波动趋势是世界石油价格体系发生更迭的外在表现，石油价格体系的任何重大转变必然会影响当期的石油价格走势，甚至引发国际油价的走势发生根本性逆转。本书将深入全面地对每一时期内国际油价的波动趋势进行详细的研究，并给出相应评述。

1. 1861～1945 年的剧烈波动期

早在 19 世纪 60 年代，美国宾夕法尼亚州就出现了容易获得的石油，由于生产规模较小，石油价格也比较稳定，分布在 75 美分/gal[①]～1.5 美元/gal。1862～1864 年，石油价格出现第一次大幅度上涨。这是因为，一方面美国国内爆发了南北战争，从而引发石油需求激增和石油供给的被迫中断；另一方面，石油税的大幅度提升成为推动石油价格飙升的另一个重要原因。

美国南北战争结束后，石油需求迅速下滑。同时，加上宾夕法尼亚州发现了新的石油钻井区，带来了数量可观的可探明储量，造成市场供需基本面发生了根本性逆转，石油价格出现暴跌，从最高的 115.45 美元/Bbl 跌至 38.63 美元/Bbl。在接下来的 10 年内，石油价格连续两次出现"高涨-暴跌"的过程，只是波动幅度较之前有所减弱。1890 年，宾夕法尼亚州和纽约州的石油产量比 1870 年上涨了 5 倍多，这两个地区的石油产量占到美国国内石油产量的 60%左右。然而，由

---

① 1gal(US)=3.78543L。

于美国在 1890~1891 年出现了经济衰退,石油价格在 1892 年底恢复到了 1861 年的价格水平。不难发现,19 世纪末的油价波动主要是受到石油需求和供给变化的影响。当石油需求旺盛且石油供给乏力时,石油价格就会快速上涨;反之,石油需求疲软且石油供给强劲时,石油价格就会发生暴跌。

进入 20 世纪,汽车工业的大力发展极大地带动了石油工业的成长。随着美国汽车产业的快速发展,美国国内每千人汽车拥有量从 1900 年的 0.1 辆增加到 1920 年的 87 辆。汽车拥有量如此迅速地增加,造成本国石油需求急剧膨胀,且在 1920 年底发生了汽油供应短缺的灾难性事件,导致石油价格再次飙升。1920~1926 年,受美国政府管制的影响,石油价格下降了 40%。1929 年,美国股市大崩溃预示着 20 世纪 20 年代的繁荣期已经终止,在此后十年间,美国出现了非常严重的经济衰退。与此同时,全球性经济大萧条的爆发引起世界石油需求骤减,加上美国国内石油产量的增加,导致石油价格在 1931 年降至历史最低水平——9.6 美元/Bbl,比 1926 年的 23.88 美元/Bbl 降低了 60%。

总体来看,国际油价在 1861~1920 年出现了剧烈震荡,石油价格变动的绝对值甚至超过了 100 美元/Bbl。但是在 1920~1945 年,国际油价却转而维持在一个相对较低的水平下窄幅波动。究其原因,主要是国际油价在 1920 年并没有形成统一、稳定的定价机制,世界上大部分的石油资源从勘探、开采、运输、贸易加工提炼直到最后的销售全都是被以美国为主的七大石油公司所控制。这七大石油公司依靠本国在经济和政治上的优势,采取租让制的形式,以极低的租让费来获得中东地区各国绝大部分的石油资源的勘探权,然后凭借其垄断优势来制定石油价格。

在这一时期,世界石油价格体系以美国市场的石油价格体系为主,往往参照美国市场的原油价格来制定基准价。其中,1920~1945 年,世界石油价格体系采用美国墨西哥湾的离岸加成定价,其他地方的石油价格以墨西哥湾的离岸价加上从墨西哥湾到消费中心的运费计算各自的原油价格。直到 1945 年,世界石油价格体系才发生第一次明显转变。美国石油的墨西哥湾的离岸加成定价逐步被中东定价代替。当时中东原油价格较低,跨国石油公司采取以标价来确定来自沙特阿拉伯、卡塔尔和利比亚原油的离岸价格,其到岸价格以产地价格加上从波斯湾至目的地的运费计算(石油标价,又称为石油税收参考价格,它是向在该国开采的外国石油公司征税依据的价格。与国际市场上石油买卖的实际价格不同,石油税收约占石油标价的 60%,包括油矿土地税和石油税。国外石油公司享受规定石油标价的特权。自从 OPEC 成立后,各产油国联合与西方垄断资本进行斗争,在 1973 年 10 月的中东战争后夺回了石油标价权,1975 年 1 月废除石油标价权,实行单一价格制,进一步限制了国际石油垄断资本的利润)。

2. 1946～1973 年的低位徘徊期

曾给全球政治经济社会带来毁灭性打击的第二次世界大战最终以日本无条件投降得到全面的终结,世界经济也换来空前的复苏和繁荣,而在这繁荣和复苏的背后就是作为工业血液的石油再度沸腾起来。

世界汽车工业在 1946～1948 年得到了快速发展。以美国为例,新增汽车登记量就增加了 22%,石油需求也随之增加了 12%。受此影响,国际石油价格从 1945 年的 13.11 美元/Bbl 上涨到 1947 年的 19.12 美元/Bbl,整体幅度超过了 45%。1952～1953 年,朝鲜战争爆发,国际油价出现了小幅度上涨。1956～1957 年,作为国际石油贸易的交通枢纽,苏伊士运河危机的爆发导致国际石油价格出现明显震荡。苏伊士运河的封锁,导致中东地区的石油无法及时运输到欧洲各国,进而造成世界石油市场上的供给量在 1956 年 11 月下降了 170 万 Bbl/d。

虽然,实际油价在早期战后年代经历了一些小幅度上涨,但是其平均上涨速度却是相当缓慢的,以至于在 20 世纪 70 年代末"第一次石油危机"爆发前夕,国际油价的实际价格还不足 20 美元/Bbl。事实上,这种异乎寻常的国际低油价不仅抑制了当时世界工业的整体性发展,而且降低了石油输出国的生产动力和创新能力。

1960 年,石油价格出现下跌,不可避免地影响了中东石油产油国的财政收入和经济发展,这在一定程度上促成了沙特阿拉伯和伊拉克等石油产油国自发缔结为一个石油输出国组织,该组织的成立扭转了世界石油市场的竞争格局,而且导致世界石油的价格体系发生了第二次明显改变。

在这一时期,世界范围内的石油需求量远远低于石油供给量。正是供大于求的世界石油格局,才导致了国际廉价油价时代长期存在。从需求面来看,第二次世界大战给许多发达国家的国民经济造成了毁灭性的打击,极大地降低了世界各国对石油的有效需求量。从供给面来看,第二次世界大战的主战场远离世界主要产油区,因此,石油供给总量并未因战争而受到较大的冲击和影响。

除此以外,低位徘徊的国际油价与第二次世界大战以后实行的金本位制不是没有关联的。1944～1973 年,世界各国纷纷采纳了以美元为中心的国际货币体系,即"布雷顿森林体系"。该体系是以黄金为基础,实行美元与黄金直接挂钩,这种货币体系从根本上消除了全球资本流动性过剩的可能性,进而最大限度地排除了非货币市场因素对国际石油价格波动的影响。

3. 1974～1980 年的波动剧烈期

在 1973 年石油危机至今的 40 余年间,美国制造业大规模向东亚转移,中国经济兴起,全球化开启了 2.0 新时代,石油作为最重要的能源,其价格波动对世界经济增长具有深刻的影响。两次石油危机驱动油价接续倍增。原油价格从每桶不到 4 美元跃升至 30 美元。传统制造业的能源成本已经不能维持，高新技术和绿色能源随即兴起，欧美经济在和滞胀斗争中通过技术创新逐渐消化着高起的石油成本。

自 20 世纪 70 年代起，随着 OPEC 的成立，OPEC 成员国逐步收回了七大石油公司和其他西方跨国石油公司对本国石油资源勘探、生产和销售的占有与垄断的权力，世界石油价格的决定权渐渐转移到 OPEC 手中。在这一时期，OPEC 的官方销售价格成为世界石油市场上一种非常重要的价格体系。

在中东战争爆发以后，先前的世界低油价时代便宣告终结。随后，国际石油的实际价格在短短的 1 年内，就从每桶不足 20 美元上涨到 52.85 美元，涨幅超过了 164%，这也是国际油价在第二次世界大战以后的首次大幅度上涨。在 1979～1980 年，由于伊朗国内的政治危机和两伊战争的爆发再次扰乱了国际原油市场的秩序，国际油价继续向上攀升，并最终达到了 100 美元/Bbl 的高水平。不难发现，实际油价在这一阶段上涨了 4 倍之多，一度形成了让世人震惊的“第一次全球性石油危机”和“第二次全球性石油危机”。其中，这一阶段的实际平均油价为64.30 美元/Bbl，已远远超过了 1946～1973 年的最高价格，这一价格信号强势地表明了在这一时段内国际油价在总体上呈现出了不可阻挡的上涨趋势。

许多研究一致认为，两次全球性石油危机后的价格异常变化正是 OPEC 的石油产量政策所致，而且 OPEC 的大规模减产及石油禁运是直接触发两次全球性石油危机的主要原因。其中，1973～1974 年，OPEC 出乎意料地实施减产计划，石油产量随即从 3127 万 Bbl/d 下降到了 3104 万 Bbl/d；而在 1979～1980 年，OPEC再次大幅度削减产量，并将石油出口量从 3160 万 Bbl/d 调低至 2670 万 Bbl/d，降幅超过了 15%。受此影响，国际油价在相应时段内快速攀升。

4. 1981～1999 年的震荡调整期

19 年间国际油价一直徘徊在 30 美元/Bbl 之下。随着节油技术和新能源的兴起，发达经济体的石油需求进入稳态，而新兴经济体的高速增长正在孕育之中，国际油价进入相对平缓期。

突如其来的两次全球性石油危机给世界经济造成了重大影响，全球经济开始明显下滑。不久，国际石油的实际价格便从 1980 年的峰值水平 100.54 美元/Bbl 的位置开始震荡下跌，一直调整到 1986 年底的低谷 29.26 美元/Bbl，跌幅达到了 71%。1986 年，由于非 OPEC 国家的石油出口量急剧增长，OPEC 的石油控制权有所减弱。在这种情况下，OPEC 决定在 1987 年 1 月 1 日起恢复实行固定油价，并在 1986 年底将官方价格改成以世界上七种原油的平均价格(或者称为七种原油一揽子价格)，来决定该组织成员国的原油价格，然后再按原油的质量和运费进行调整。

1997～1998 年爆发了亚洲金融危机，石油需求大幅下滑，实际油价也随之从 26.76 美元/Bbl 跌至 17.55 美元/Bbl，跌幅达到 34%。总体而言，这一时期的国际石油平均价格为 40 美元/Bbl。相比早期的战后时期（1946～1972 年），国际油价在这一时段内继续保持着上涨的势头，只是上涨速度比 1974～1980 年有所放缓而已。

石油的供需机制仍然决定着这一时期的国际油价走势。从需求面来看，世界各国的石油需求量在第二次全球性石油危机之后呈现"V"形走势。英国石油公司的一份研究资料表明，世界石油消费量在 1979～1983 年连续下滑，每日消费量分别从 1979 年的 6413 万 Bbl 降至 1983 年的 5775 万 Bbl。1984 年以后，世界石油消费量才开始逐年增加，并在 1988 年重新回到危机前的原油消费水平。

而从供给面来看，受国际石油市场上石油需求骤减的影响，OPEC 在 1980～1985 年实施了大规模的减产计划，但在 1986 年却出人意料地大幅度增加了石油的出口量，这主要是由于 OPEC 各成员国在 1986 年纷纷生产了超过本国配额的石油产量，造成了世界石油供给量的短期井喷。在 1986～1999 年，世界石油市场每日的缺口量为 50 万～150 万 Bbl。也就是说，世界石油市场基本处于一种供不应求的状态，这也为该时期国际油价的小幅度上涨提供了一个现实解释。

总体来看，国际石油价格体系在这一时期再次发生巨大转变。虽然 OPEC 新的官方价格（或者称为七种原油一揽子价格）仍然是世界石油市场上的一种重要石油价格体系，但是石油现货价格和期货价格正扮演者越来越重要的作用，开始成为世界石油市场上最为重要的石油价格体系。

5. 2000～2008 年的强势上涨期

经过 20 世纪末长达 20 年的震荡调整后，国际油价开始进入一个全新的高波动、高增长的阶段。2000～2002 年，实际油价在 30～40 美元/Bbl 的区间内上下波动。但是在 2003 年，接连出现委内瑞拉石油工人大罢工和第二次海湾战争，诱使国际油价突然爆发，并一路上涨。与此同时，世界经济强势复苏带动石油需求激增，多种因素的共同作用导致国际油价接连刷新历史最高纪录，实际价格从 2002 年的最高 31.29 美元/Bbl 涨至 2008 年底的 101.61 美元/Bbl，名义价格更是在 2008 年 7 月创造了 147.00 美元/Bbl 的历史最高价格，迎来了"第三次全球性石油危机"。这一时期的石油平均价格也超过了 55 美元/Bbl。

2003 年初，国际原油价格再次突破 30 美元/Bbl。此间，加入世界贸易组织的中国经济增长和中国出口进入快车道，中国需求因素成为国际油价再度高起的由头。实际上，1993 年中国从石油进出口基本平衡国家转为净进口国，消费呈现指数上涨格局，中国的石油进口很快就紧随美国之后，排名第二。2004 年油价突破 50 美元/Bbl，2005 年突破 60 美元/Bbl，2007 年突破 70 美元/Bbl，2008 年突破 100 美元/Bbl 的大关，呈直线上升的趋势，随后油价飙升，7 月 14 日纽约原油期货价格收盘于 147.27 美元/Bbl 的历史高点，专家纷纷预测年底要破 200 美元/Bbl 的大关。实证研究表明，与以往以实需因素为主的格局不同，投机因素凸显。实际上，2007~2008 年，国际资产价格在所有市场上飙升，形成了前所未有的系统性风险。比较大宗商品、证券和房地产的价格走势，人们不难看到，石油价格不是特殊的，国际流动性和投资杠杆因素左右了所有资产。

在这一阶段，从国际油价大幅度上涨的动因来看，最初的触发机制来源于全球经济中旺盛的石油需求。《BP 世界能源统计(2009)》(BP, 2009)显示，2000 年，世界石油消费量达到了 7613 万 Bbl/d。此后的七年间，石油消费量逐年增加，并在 2007 年达到了历史最高峰——8488 万 Bbl/d。但是 2008 年末爆发了经济危机，石油消费量骤减，回落到 8446 万 Bbl/d。与此同时，来自新兴经济体的石油消费量占石油消费总量的比例也在不断增大，其中 2002 年末为 34%，2005 年上升为 36%，而在 2008 年达到了 40%。令人困惑的是，世界石油产量并没有伴随着石油需求量的大幅增加而快速增产，相反，世界石油产量在 2005 年以后没有明显增加，石油消费缺口总量始终维持在 150 万 Bbl/d 以上，最高甚至达到了 344 万 Bbl/d。毋庸置疑，这些信号对推动国际油价的继续上涨起到了至关重要的作用。

另外，国际油价的剧烈波动与石油期货市场的跨越式发展密不可分。这是因为石油期货价格对石油现货价格的引导作用日益显著，而且石油期货市场对世界石油行业乃至世界经济的发展都起着至关重要的作用。实际上，全球石油贸易量在 2005 年达到了 130 多亿 t，通过石油现货市场的交易量只有大约 20 亿 t，可见期货市场交易价格在国际油价的定价过程中占据着十分重要的作用。

从近十年的原油价格波动情况来看，期货市场在某种程度上已经替代了现货市场的价格发现功能，期货价格已经成为许多国家原油价格变化的领先指标，石油期货交易所的公开竞价交易方式形成了市场对未来供需关系的信号，交易所向世界各地实时公布交易行情，石油贸易商可以随时得到价格资料，这些因素促使石油期货价格成为石油市场上最重要的基准价。

6. 金融危机冲击后的调整期

2008 年 9 月金融危机的全面爆发导致石油价格在 10 月就断崖式跌至 70 美元/桶的水平，11 月跌至 50~60 美元/Bbl，12 月跌至 40~50 美元/Bbl，相比前期高位，国际油价整整下跌了 70%。2009 年 2 月纽约商品交易所原油期货价格跌回 30~40 美元/Bbl，回到 2003 年 1 月的水平。金融危机冲击后的调整期内，美国量化宽松和中国经济的走势决定了国际油价的基本性质。在美元四轮量化宽松所带来的超常流动性和以中国为首的新兴经济体强劲增长的带动下，国际油价在 2010~2014 年在 100 美元/Bbl 上下浮动。当美国联邦储备系统(简称美联储)宣布退出量化宽松计划的同时，中国经济进入常规状态而将经济增长目标定在 7%左右，美国经济的复苏引发纽约证券市场的持续向上，这些因素导致国际油价发生扭转，投机势力的主力也转向美国股市。2014 年 12 月，国际油价跌破 60 美元/Bbl，直至 2016 年初在 30 美元/Bbl 一线徘徊。

或许偶然的一次政治冲击并不足以撬动世界政治经济的基本格局，但是动荡形势以各种方式传递到北非和中东各大石油产油国，就会演变成一个标志性的事件。利比亚的政治动荡之所以会搅动世界原油市场，是因为利比亚不仅仅是非洲第三大石油产油国，国内原油产量占到全球产量的 2%，更重要的是该国原油含硫量低，是汽油、柴油，尤其是航空燃料的最佳原料。这种优质原油正是众多欧洲乃至亚洲炼油厂的主要油源。因此，利比亚原油产量大幅度缩减直接触发了欧洲市场的恐慌情绪，提高了国际石油市场的油价上涨预期，推高了国际石油价格。

2014 年，世界最大的经济事件当数石油价格暴跌。美国东部时间 2014 年 12 月 30 日凌晨，纽约商品交易所 WTI 原油 2015 年 2 月交贷的期货价格为 53.11 美元/Bbl，半年时间下跌 48%。至 2018 年 9 月 6 日，石油价格缓慢上升到 77.42 美元/Bbl。自 2014 年下半年起，全球石油库存不断攀升。据《BP 世界能源统计年鉴(2017)》(BP，2017)，2016 年 7 月底，经济合作与发展组织(OECD)商业石油库存一度攀升至 31 亿 Bbl，比之前 5 年的平均水平高 3.7 亿 Bbl，令国际油价持续低迷。2016 年 11 月，OPEC 和非 OPEC 产油国达成了 8 年来的首个全球减产协议，目标是将 OECD 商业石油库存降至 5 年平均水平。2018 年上半年，在委内瑞拉石油产量大降、沙特阿拉伯等核心产油国继续减产的背景下，OPEC 参与减产的 11 个国家平均原油产量为 2921 万 Bbl/d，同比下降 60 万 Bbl/d，较减产基数下降 176 万 Bbl/d，减产履约率平均高达 151%，是有史以来 OPEC 执行减产效果最好的一次。与此同时，世界经济持续稳步复苏，石油需求保持强劲增长态势，推动世界石油市场去库存加速。截至 2018 年 3 月底，OECD 商业石油库存降至 28.2 亿 Bbl，比 5 年平均水平低 570 万 Bbl，早于市场普遍预期，提前 3～6 个月实现供需再平衡，成为支撑油价上涨的主要因素之一。

从以上石油历史价格变化来看，自 1973 年以来石油价格一直不稳定，有时甚至一年内飙升 243%，半年内暴跌 77%。最近几年，随着可再生能源的发展，世界石油消费在能源消费中所占的份额有缩小的趋势，但石油消费量却保持强势增长。2016 年，世界原油产量平均 9200 万 Bbl/d，俄罗斯居世界第 1 位，平均日产原油 1055 万 Bbl；沙特阿拉伯居世界第 2 位，平均日产原油 1046 万 Bbl；美国居世界第 3 位，平均日产原油 888 万 Bbl；伊拉克排第 4 位，平均日产原油 445 万 Bbl；伊朗排第 5 位，平均日产原油 399 万 Bbl；中国排第 6 位，平均日产原油 398 万 Bbl；委内瑞拉的原油产量排在第 10 位，平均日产原油 228 万 Bbl。2016 年石油消费量为 9600 万 Bbl/d。美国是最大的石油消费国，每天消费 1963 万 Bbl；中国是第二大石油消费国，每天消费 1238 万 Bbl。

据《BP 世界能源统计年鉴(2017)》(BP，2017)预测，到 20 世纪 20 年代中期，世界石油需求会保持强劲增长，但随后由于燃油效率提高和燃料转换，乘用车的石油消费会减少，需求增长会显著放缓。但其他行业强大的石油需求动力足以使石油需求保持不断上升的趋势，到 2040 年时达到每天消费 1.05 亿 Bbl。石油化工业是石油消费增长最大的源泉，紧随其后的是卡车运输和航空运输。

由此可以看出，油价波动的真实原因变得更为复杂、多变。任何单一的石油供需面分析、金融市场的资本投机及地缘政治等外部非市场因素都已经不能很好地解释国际油价的全面波动。毋庸置疑，流动性过剩、资本投机和美元疲软等各种非市场因素引起的油价预期变化在油价波动中起的作用越来越显著。

纵观 40 余年沧桑，国际油价变化与波动的影响因素从多个方面展现在我们面前，包括长期的、短期的、实体的、虚拟的，以及地缘政治、国际冲突、新能源发展、页岩油凸显、新兴经济体崛起。在经历了金融危机和新兴经济体大发展之后，在全球化的新格局和中国经济常规状态的情景下，有必要重新回顾国际油价的历史演化，重新提炼影响国际油价的长短期因素。一直以来，国际油价问题都是经济学，特别是发展经济学、国际贸易学、能源经济学和金融学关注的重点。

1.2.4 中国石油产业的发展与石油价格波动分析

1. 中国石油价格形成与波动概述

石油价格定价机制改革可以分为原油价格形成机制和成品油价格形成机制两部分。随着我国经济增长方式的转变、能源消费结构的优化及维护能源安全措施的加强，进一步深化原油和成品油定价机制改革的侧重点发生了变化。原油定价机制改革的主要方向是建立与国际原油价格有效接轨的机制，目的是合理利用国内、国外两个市场的资源，形成有利于提高我国石油使用效率和优化能源结构的原油价格形成机制。我国成品油定价机制改革的主要方向是在原油价格形成机制改革的基础上，发现合理的炼制成本、流通费用及利润率，目的是改革后的成品油定价机制能反映我国能源的真实价值，促进经济增长方式转变，以及符合环境与经济协调发展的要求。我国石油价格形成机制改革的深化不仅仅是保障经济可持续健康发展的必要条件，也是我国参与国际能源市场博弈的关键。

首先，随着我国石油对外依存度的提高，国际石油价格对国内石油价格将产生重要影响。对于石油消费量大、对外依存度高的国家而言，国际石油价格是影响国内石油价格形成的关键变量。具体到我国，石油在我国一次能源中的比重虽然不如煤炭高，但是石油消费的增长很快，对外依存度逐年上升。2002~2017 年，我国石油消费量从 2.49 亿 t 增加到 5.65 亿 t，年均增长 5.6%，其中原油消费量从 2.31 亿 t 增加到 5.44 亿 t，年均增长 5.9%，而国内石油生产年均增长只有 2.0%

左右。我国石油对外依存度不断提升，2017 年我国石油对外依存度已经超过 65%。由于对外依存度的提高，国际石油价格对我国石油价格的形成机制、价格水平和价格波动均产生了不可忽视的重要影响。

其次，随着现代石油金融的发展，石油现货价格在很大程度上受期货价格的影响，两者之间的相关性较高。国际石油市场发展较早，市场功能比较完善，目前形成了高度市场化的国际石油现货市场和期货市场。全球现有五大石油现货市场，包括美国现货原油市场、新加坡现货原油市场、地中海现货原油市场、加勒比海现货原油市场、西北欧现货原油市场。三大石油期货市场分别是纽约商品交易所、伦敦国际石油交易所和东京工业品交易所，其中纽约商品交易所交易量最大，其能源期货和期权交易量占到三大能源交易所总量的一半以上。国际现货价格和期货价格具有很强的关联性，从国际石油价格形成的主要研究成果可以看出，现阶段国际现货价格在很大程度上受到期货价格的影响。与供求等实体经济要素相比，金融工具具有较强的定价能力。发展石油金融，重视金融市场的定价影响力是未来石油价格形成机制改革的重要组成部分。

最后，在复杂的国际石油价格体系中，具有代表性的石油市场价格构成国际贸易的参照价格。国际原油价格长期贸易合同大多以一种或几种参照原油的价格为基础，再加生贴水，构成最终的交易价格，不同贸易地区所选择的基准油价不同。出口到欧洲或从欧洲出口的原油一般选取布伦特原油价格作为基准油价；北美出口原油一般选取 WTI 为基准油；中东出口欧洲的原油一般选取布伦特原油价格，而出口北美的原油则参照西得克萨斯轻质原油价格，出口远东国家的原油则参照阿曼和迪拜原油价格。其中，布伦特原油与西得克萨斯轻质原油的价格水平和走势高度一致。亚洲地区原油交易常用普氏(Platts)报价、阿格斯石油报价，除此以外还有亚洲石油价格指数(APPI)、印尼原油价格指数(ICP)、卡塔尔原油指数(QGPC)。近年来兴起的远东石油价格指数(FEOP)对亚洲各国原油标价的影响也日益显著。中国海洋石油总公司的出口原油既参考亚洲石油价格指数，也参考卡塔尔原油指数。

与原油市场相比，国际成品油市场定价机制方法相对简单。目前国际上主要的成品油市场包括欧洲的荷兰鹿特丹市场、美国纽约市场及亚洲的新加坡市场。此外，近年来兴起的日本东京成品油价格对远东市场的成品油贸易也有一定的参考意义。从亚洲地区来看，新加坡成品油市场的普氏报价具有很高的权威性。随着新加坡成品油现货和期货市场交易的日益活跃，远东地区很多国家成品油定价都主要参考新加坡成品油市场的价格。

目前，我国尚未在世界石油价格形成中发挥重要作用。一方面，我国不具备丰富的石油储备。根据 2015 年世界石油剩余探明储备量数据，排名前十位的国家依次为沙特阿拉伯、委内瑞拉、伊朗、伊拉克、科威特、阿联酋、俄罗斯、利比亚、哈萨克斯坦、尼日利亚。我国位居第 14 位，人均石油占有量较低，并且在我国境内很多石油资源开采难度很大，难以为国际市场提供大量的石油供给。同时，我国在石油勘探、开采技术方面的优势也不明显。与大型的跨国石油集团相比，我国石油生产企业的国际竞争力还有待提升。另一方面，我国没有形成具有较强国际影响力的石油期货市场。上海原油期货市场虽然已经开始运营，但由于刚刚起步，影响力还相对较小。我国石油金融处于起步阶段，还不能影响国际石油金融产业发展。

综上所述，我国石油价格形成机制的短期目标是协调国内、国外两个市场的关系，保证国内经济增长所需的石油供给，提高石油使用效率，增强石油生产企业的竞争力，优化能源消费结构。长期目标是充分利用国际石油市场，实现自身的利益诉求，积极参与国际石油合作。为了充分发挥定价机制对石油产业发展的引导作用，我国从中华人民共和国成立开始就探索石油价格形成机制的改革，先后经历了完全定价、价格双轨、价格并轨、与国际接轨、深化改革五个阶段，取得了一些成果，也存在很多问题。

2. 完全定价阶段（1949～1980 年）

1949 年中华人民共和国成立后，我国的基本经济制度是高度管制的计划经济体制。石油作为重要的战略物资，其勘探、开采和定价均由国家集中规划、统一定价、按照计划配给，石油流通体制僵化。

1949～1960 年，我国石油产业的技术水平、生产设备比较落后。长期的石油计划低价没有起到促进石油生产和开发的作用，难以为经济建设提供足够的能源保障。

1961～1973 年，石油对经济建设的重要作用日益明显，石油价格长期不合理阻碍了石油产业的自我发展和完善。我国政府采取计划高价政策，扶植石油企业的发展。这个时期，我国石油价格达到了同期国际市场价格的 3.35～5.35 倍。因为石油行业具有明显的规模效应，所以在勘探开发领域具有明显的高投入、高风险的特点。国家从价格政策上的扶持，为处于困难时期并且起步较晚的石油工业的快速发展提供了重要的政策和资金支持。

1974～1980 年，我国的经济发展基础遭到了严重的破坏，为了促进经济快速发展，我国实行石油计划低价，该时期，国内石油价格仅为同期国际油价的 26%～65%。

在整个完全定价时期，我国不仅控制石油的开采和生产，对石油流通体制也是按照国际的行政指令实现计划管制、计划配给。这种方式在特殊时期对促进经济起飞具有重要的推动作用，可以兼顾各方面的利益，集中资源保障生产。但是，这种定价方式是特定历史时期的产物，不仅难以促进石油生产企业的竞争、鼓励石油产业的积累和发展，而且政府制定商品价格具有信息不对称、反应滞后等缺陷，使价格不能完全反映其真实价值。

3. 实行双轨价格制度阶段(1981~1993年)

计划经济体制下对石油价格实行政府统一定价在一定程度上保证了国家经济发展和复苏所需要的石油供给。但是计划定价、统一调配不利于调动石油企业提高经营水平的积极性，阻碍了石油产业的发展。改革开放以后，我国的基本经济制度由高度的计划经济逐步转向有中国特色的市场经济，价格的市场化也逐步渗透到石油等战略物资领域。

1981年，国务院批准对石油行业实行产量包干的政策，允许石油生产企业在完成国家1亿t包干的基础上，对超产及节约部分按照市场价格实行自销。自此，我国石油产品开始出现国家计划价格与市场价格双轨并存的局面。成品油价格分为平价、计划内高价、计划外高价等多种形式。同时，我国开始对石油生产企业实施产权改革，引入现代企业制度，鼓励石油企业按照市场化的原作模式发展生产。1982年2月，中国海洋石油总公司成立，全面负责海洋石油对外合作业务。1983年，我国政府建立中国石油化工总公司，使原隶属于石油工业部、化工部、纺织工业部、轻工业部等部门的炼油、化工、化纤、化肥企业隶属中国石油化工总公司，从体制上改变多头领导、条块分割、分散管理的状况，实施集中领导、统筹规划、统一管理。中国石油化工总公司在一定程度上拥有生产和定价的自主权，这标志着我国石油、石化产品市场初步形成。1988年，在原石油工业部的基础上成立了中国石油天然气总公司，其行使原石油工业部在国家陆地全境石油、天然气的生产建设和经营管理职能。

这一阶段，我国石油价格形成机制的特点在于突破完全定价的局面，开始发挥市场的价格发现作用，以价格手段促进石油生产企业的发展。由于新成立的中国石油天然气总公司在一定程度上承担了很多政府职能，这一阶段尚没有真正意义上的市场定价，我国的石油开采和加工也逐渐由政府管制转变为企业垄断经营。

4. 价格并轨阶段(1994~1997年)

刚刚开放石油价格时采取的价格双轨制，使市场上存在不同档次的石油价格，造成石油流通市场的秩序混乱，随即产生了寻租等问题，严重地制约了我国石油市场的建设。为了整顿市场秩序，保证经济发展所需要的石油资源，1994年，国家计划委员会(简称国家计委)、国家经济贸易委员会出台《关于改革原油、成品油流通体制的意见》，加强了对原油和成品油生产、定价与流通的宏观管理。

这一阶段对石油定价机制改革的指导思想是规范石油市场流通秩序,统一石油产品价格。价格主管部门取消了石油产品的价格双轨制,对原油、成品油实行政府统一定价,石油生产和分配由国家统一控制、统一调配。

这一阶段的价格改革确实整顿了石油流通秩序混乱的问题,规范了定价行为。但是,从定价机制的角度看,我国这一阶段的改革进一步强化了石油垄断定价的局面,巩固了石油生产市场垄断格局的形成,限制了市场机制对石油产品价格的发现作用,不利于石油生产和流通企业经营水平的提高与竞争意识的增强。

5. 与国际接轨阶段(1998～2008 年)

1998 年开始,我国石油价格形成机制改革的主要特点集中在两个方面:一是对现有的石油企业进行改革,改变石油集团政企不分的局面,剥离石油企业的政府职能;二是我国原油、成品油定价开始与国际市场并轨。我国石油生产企业行使政府职能,但这样不利于石油生产企业提高竞争力,也不利于石油市场的建设和完善。随着我国石油需求的提高,石油进口量不断增加,国际石油价格对国内石油价格的影响越来越明显,与国际石油价格接轨成为石油价格改革的重要组成部分。

1998 年 3 月,我国按照"上中下游一体化、内外贸一体化、产销一体化"的原则对中国石油生产经营企业进行改组,通过资产划拨,新组建成立了中国石油天然气总公司和中国石油化工总公司,与中国海洋石油总公司构成了中国石油行业的三大支柱。重组后,三大集团公司实现了上下游一体化经营,勘探、开采及生产销售业务相互交叉,打破了上下游分割垄断的局面。按照地域标准划分,中国石油天然气集团公司主要负责北方 11 个省份的石油石化生产企业、原油成品油运输管道和地方石油公司及其加油站;中国石油化工集团公司负责南方 15 个省份的相应业务。1999 年下半年起,中国石油天然气集团公司、中国石油化工集团公司、中国海洋石油总公司实施了新的一轮企业改革,重组了优质资产。中国石油天然气集团有限公司(简称中国石油)、中国海洋石油有限公司(简称中国海油)分别于 2000 年 4 月和 2001 年 2 月在纽约和中国香港上市。2000 年 10 月,中国石油化工股份公司(简称中国石化)在纽约、伦敦和中国香港挂牌上市。

三大石油公司虽然是上下游一体化的企业,但是其业务比例有所区别。中国海油的油气生产业务比重较大,中国石油的原油业务比较大,中国石化的成品油炼制业务比重比较大(表 1-1)。三大企业几乎垄断了我国全部的石油生产、加工和销售业务。因为三大公司按照所属地域从事经营,其业务比重有所区别,所以三大公司重组后并没有真正形成有效竞争。我国石油产业的市场结构实际是高度垄断的,其价格形成机制表现为垄断定价,并没有起到反映市场供求,优化资源配置,促进企业提高生产效率、提高石油使用效率和优化能源结构的作用。

表 1-1　2017 年我国石油产业总体市场集中度

集团公司	油气生产		原油加工	
	产量/万 t	占全国比重/%	加工量/万 t	占全国比重/%
中国石油	12109	63.07	30000	41.21
中国石化	3995	20.81	19600	26.92
中国海油	2081	10.84	3900	5.36
三大公司合计	18185	94.71	53500	73.50
全国	19200	100	72800	100

在这一时期，我国石油定价机制开始和国际市场接轨。这不仅是我国石油对外依存度逐年上升的必然结果，也是我国石油生产企业参与国际能源合作的必然要求。1998 年 6 月，国家计委出台了《原油、成品油价格改革方案》，规定国内原油、成品油价格按照新加坡市场油价相应确定，原油价格自 1998 年 6 月 1 日执行，成品油价格自 1998 年 6 月 5 日执行；2006 年 6 月份开始，国内成品油价格达到完全与国际市场的接轨阶段，随国际市场油价变化相应调整。改革的具体措施包括在国内陆上原油运达炼油厂的成本与进口原油到厂成本相当的原则基础上，中国石油、中国石化间购销的原油价格由双方协商确定。购销双方结算价格由原油基准价和贴水两部分构成，其中原油基准价根据国际市场相近品质原油上月平均价格确定，贴水由购销双方根据原油运杂费负担和国内外油种的质量差价及市场供应情况协商确定。汽、柴油零售实现政府指导价，由国家计委按进口到岸完税成本为基础加国内合理流通费用制定各地零售中准价，中国石油、中国石化可以按 5%的浮动幅度确定具体地区的零售价格。

2000 年 6 月，国家进一步完善成品油定价与国际接轨的体制，我国成品油价格参考新加坡市场油价实行每月调整。具体做法是：以上月新加坡期货市场同类油品的收盘价为基础，再加上供求双方自行商定的贴(升)水，最终确定国内成品油市场的市场零售价。2001 年 10 月，我国再次深化成品油定价机制改革，改革的主要内容是由单纯依照新加坡市场油价确定国内成品油价格改为参照新加坡、鹿特丹、纽约三地原油市场价格的加权平均来调整国内成品油价格。具体做法是以三地加权平均价格为基准，在此基础上加上基本费用、国内关税及由国家确定的成品油流通费用，作为国内成品油零售基准价，当国际油价上下波动幅度在 8%的范围内时保持油价不变，超过这一范围时国家按照变动比例调整零售基准价。中国石油、中国石化两大石油集团对价格的调整幅度由 5%扩大到 8%。2006 年，我国改革与国际成品油价格接轨的基准参考价格，将其改为参照布伦特、迪拜、米纳斯三地原油价格的加权平均，加上炼油企业一定的利润和费用，形成国内成品油价格的定价机制。

　　这一阶段我国石油定价机制改革的特点是：从定价方法上看，我国原油价格通过与国际市场直接接轨实现了市场化定价。原油价格是成品油价格最主要的组成部分，通过我国成品油价格与国际原油价格接轨，部分实现了成品油价格的市场化定价。但是从实际操作看，我国的石油价格改革只是实现了价格水平上与国际接轨，其定价机制、调节方式和调价时间并没有完全反映我国石油市场的供求、能源价值等信息。与国际石油价格的接轨弥补了我国石油垄断生产、垄断定价的弊端。这是在国内定价机制建设不健全的条件下，与国际市场在价格水平上的僵化接轨。这种方式不仅不利于国内石油市场的建设，而且限制了我国国内石油资源的合理配置。同时，这种调价方式存在一定的时滞，客观上鼓励了利用时间差套利的投机行为，增加了我国石油市场发展的风险。

6. 我国石油定价机制深化改革新阶段(2009 年至今)

　　虽然我国已经明确了国内原油和成品油与国际接轨的定价原则，但是政府和垄断企业对国内的石油定价仍然具有主导权。在保证经济发展和就业稳定的压力下，很难完全紧跟国际油价，实现价格水平的完全接轨，特别是在国际石油市场价格出现剧烈波动的时期，我国甚至出现国际进口原油价格高于国内成品油价格的倒挂现象。当国际油价处于低位时，为了维护垄断的石油企业发展，很难实现价格水平完全接轨，大幅度降低国内油价。

　　为了保证经济发展和就业稳定，维护国内石油生产企业的发展，并解决现有石油定价机制带来的调整时滞等问题，我国进一步改革石油定价机制，转变直接干预价格的调控方式，逐步采用税收调整等国际通用的经济方式作为调控石油价格的手段。

　　为了有效结合国内和国际市场，我国从两个方面积极推进石油定价机制深化改革：一是实行税费改革，转变国家对价格的直接干预；二是进一步完善原油、成品油与国际接轨的方法，积极解决油价倒挂、地区差距等问题。2008 年 12 月 18 日，国务院印发了《关于实施成品油价格和税费改革的通知》(简称《通知》)，《通知》规定从 2009 年 1 月 1 日开始，取消公路养路费、航道养护费、公路运输管理费、公路客货运附加费、水路运输管理费、水运客货运附加费六项收费。逐步有序取消已审批的政府还贷二级公路收费。同时开始征收成品油消费税单位税额。汽油消费税单位税额每升提高 0.8 元，柴油每升提高 0.7 元，其他成品油消费税单位税额相应提高。

　　2009 年 5 月，国家发展和改革委员会根据《通知》，提出完善我国原油、成品油定价机制的具体方案，规定我国原油价格由国内企业参照国际市场价格自主制定。中国石油、中国石化之间互供原油价格由购销双方按陆产上原油运达炼油厂的成本与国际市场进口原油到厂成本相当的原则协商确定；中国石油、中国石化供地方炼油厂的原油价格参照两个集团之间的互供价格制定；中国海油及其他企业生产的原油价格参照国际市场价格由企业自主制定。

成品油定价实行政府指导价或政府定价的区别对待。当国际市场原油连续 22 个工作日平均移动价格变化超过 4% 时，可相应调整国内成品油价格。当国际市场原油价格低于 80 美元/Bbl 时，按正常加工利润率计算成品油价格；高于 80 美元/Bbl 时，开始扣减加工利润率，直至按加工利润率零利润计算成品油价格；高于 130 美元/Bbl 时，按照兼顾生产者、消费者利益，保持国民经济平稳运行的原则，采取适当财税政策保证成品油生产和供应，汽、柴油价格原则上不提高或少提高。

国家发展和改革委员会制定各省、自治区、直辖市或中心城市汽、柴油最高零售价格。汽、柴油最高零售价格以国际市场原油价格为基础，考虑国内平均加工成本、税金、合理流通环节费用和适当利润确定。国家发展和改革委员会根据实际情况，适时调整有关成本费用参数。已实行全省统一价格的地区，执行国家发展和改革委员会制定的全省统一最高零售价格。暂未实行全省统一价格的地区，由省级价格主管部门以国家发展和改革委员会制定的中心城市最高零售价格为基础，考虑运杂费增减因素合理安排省内非中心城市最高零售价格。省内划分的价区原则上不超过 3 个，价区之间的价差原则上每吨不大于 100 元。省与省之间价差较大的应适当衔接。省级价格主管部门要将省内价区的具体安排报国家发展和改革委员会。成品油零售企业可在不超过政府规定的汽、柴油最高零售价格的前提下，自主制定具体零售价格。

这一阶段我国石油定价机制改革的特点是转变了价格调整方式，由直接干预价格转变为市场化的税收调节，并且进一步细化了地区价格的制定和浮动规则，减少地区差价过大带来的市场混乱。新的接轨方法进一步缩短了我国与国际市场价格调整的时滞，缓解了国际、国内两个市场价差过大的情况，在一定程度上减少了利用可预期的油价变动进行投机的行为，有利于操作。

但是，新的规定仍然是与国际石油实现价格水平上的接轨，其影响我国有效利用两个市场的能力，扭曲了国内石油价格对稳定供求、提高能源效率和提高石油生产企业效率的作用。国际原油市场对国内原油和成品油市场的影响是不同的，僵化的接轨方式不能有效引导国内石油产业的健康发展。同时，新的接轨办法有效实施的前提是政府完全了解国内原油、成品油生产企业的成本、利润信息，并通过价格水平的调节鼓励石油生产企业提高效率、降低成本、增强国际竞争力，但这在现实中难以实现。

2008 年完善后的定价机制总体运行平稳，但随着国内成品油市场不断发展，逐渐暴露出调价周期过长、调价边界条件较高导致单次调价幅度过大、容易引发市场炒作等问题。2013 年 3 月，国家抓住国际油价震荡下跌、国内 CPI 运行相对平稳的有利时机，进一步完善成品油定价机制，核心内容是缩短调价周期，将汽、柴油价格调整周期由 22 个工作日缩短至 10 个工作日，同时取消了国际市场油价波动 4%才能调价的幅度限制。这样，既可以更灵敏地反映国际市场油价变化，避免滞后期过长导致的无风险套利行为；又可保持国内油价调整的合理节奏，避免调价过于频繁，为国民经济运行提供平稳的外部环境。另外，国家调整了挂靠油种，完善了调控程序。

改革后，成品油定价机制化调整成为常态，效果明显。一是生产者、经营者和消费者适应市场形势变化的能力和意识逐步增强，为进一步推进成品油价格改革奠定了基础。新机制透明度较此改革前显著提高，包括新华社在内的媒体与信息机构均开始对外发布测算的调价参考基准，市场对价格变化也有了较强的预判能力。二是成品油价格调整频率加快，调价时间节点透明度增强，更加灵敏地反映了国际市场油价变化，提高了炼油企业的生产积极性，保证了成品油市场的正常供应，"油荒"现象基本不再出现。2013 年以前，每次产生成品油调价预期时，为后期套利考虑，市场贸易商往往会出现大量购进囤积或降价甩货现象，极大地破坏了供需基本面对市场的调控作用。例如，2010~2011 年，受"金九银十"需求集中放大影响，再加上人为因素的炒作，市场上出现严重的"油荒"，不少民营加油站"一油难求"。调价加快后这一现象很少再发生。三是促进了成品油市场有序竞争，避免了成品油市场价格大起大落。四是投机炒作因素明显减少，成品油市场秩序进一步规范。

成品油定价机制不仅关系到生产者和消费者的切身利益，而且承载着国家能源战略，关系国家能源安全。2014 年下半年以来，世界石油市场格局发生了剧烈变化，国际市场油价从 110 美元/Bbl 快速跌至 40 美元/Bbl 以下。2014 年，国内油田平均开采成本在 45~55 美元/Bbl，国际原油价格长期低迷将使得国内油田开采企业亏损严重，在打击其开采积极性的同时，或者会加大原油进口量，从而进一步推高石油对外依存度，威胁国家能源长期供应安全。

为减轻国际市场油价过高或过低对国内市场的影响，保障国内能源长期供应安全，2016 年初，国家再次完善国内成品油定价机制，并进一步推进市场化改革。一是综合考虑国内原油开采成本、国际市场油价长期走势，以及我国能源政策等因素，设定成品油价格调控下限。当国内成品油价格挂靠的国际市场原油价格低于 40 美元/Bbl 时，国内成品油价格不再下调。二是建立油价调控风险准备金制度。成品油价格未调金额全部纳入风险准备金，设立专项账户存储，经国家批准后使用，主要用于节能减排、提升油品质量及保障石油供应安全等方面。同时放开液化石油气价格，简化成品油调价操作方式，国家不再发文调价，改为以信息稿形式公布调价信息。成品油 40 美元/Bbl 调控下限的设定一举三得：一是对稳定大宗商品价格预期、缓解国内 PPI 下行压力、促进经济增速企稳回升起到积极作用；二是避免了国际市场油价暴跌重创国内石油产业，防止今后油价上涨带来的潜在风险, 有利于保障国内石油供应安全, 符合国家长远利益; 三是相对提高了可替代能源的竞争力, 有利于新能源产业的发展, 促进了能源消费结构调整和节能减排。新机制出台后, 社会各方面广泛关注。业界普遍认为, 新机制既立足于我国当前的国情特点, 又占据了保障国家石油长期战略安全的制高点, 意义重大, 释放了推进改革的坚定决心。

1.3　国内外现状

石油是世界基础能源, 油价和物价水平关系到各个国家的经济增长和社会发展。油价与物价水平的内在联系问题始终都是学术研究的焦点。20 世纪 90 年代之前, 国内外专家学者更多基于线性角度探究油价和物价水平的关系。1989 年, Mork 较早地进行油价波动非对称研究后, 越来越多的国内外学者开始进行对油价波动和物价水平传导机制的非对称性进行研究。目前, 相关问题探析主要以线性和非线性为基本思路。

通过对已有研究资料的收集整理可以发现, 与本书相关的研究主要集中在几个方面: 关于油价波动的研究、油价波动对宏观经济的影响、油价波动对物价的影响等。

1.3.1　关于油价波动的研究

1. 油价波动不确定性的测度

在理论分析指导下, 一些学者开始对油价波动不确定性进行测度并检验其对经济波动的影响。Lee 等(1995)、Ferderer(1996)采用标准差计算方法度量不确定性值, 但是这仅仅是一个事后测度结果, 无法准确捕捉经济变量的动态性质; Guo 和 Kliesen(2005)采用真实波动率(RV)方法度量不确定性值, 但这种方法对数据频率的选择比较敏感, 大都是采用日数据计算; Singer(2007)采用自回归条件异方差(GARCH)族模型对油价波动不确定性进行测度, 但并没有考虑到油价波动的非对称性特征, 因此测度结果不够准确。此外, 在 GARCH 族模型估计过程中, 对模型残差分布状态的设定和模型估计方法的选择也会直接影响参数估计的准确性。与金融数据一样, 油价波动时间序列的残差往往并不服从正态分布, 而在现有研究中一般都设定残差服从某一分布, 没有综合考虑不同分布状态假设条件下模型的合理性, 这将直接导致所选的模型并不一定是最优模型。另外, 在经济后果检验方面, 相关研究多以美国为样本进行检验, 缺少以其他国家为样本的研究成果, 这就降低了研究成果的普遍适用性, 同时在这些研究中也没有对影响经济波动的渠道进行检验。总体来说, 目前对经济后果的检验成果较少, 直接导致对油价波动不确定性问题重要性的认识不足。

2. 原油与成品油价格非对称性

非对称性效应最早出现在股票市场上,它是指经济人对坏消息的反应往往比好消息更强烈。石油不可再生性决定了石油市场上多空双方的力量对比,石油供给者的市场地位明显要高于石油需求者,这样油价波动对冲击的响应也会因冲击方向的差异而产生差异。在原油价格和成品油价格方面,原油价格上升时成品油零售价格调整的速度要比原油价格下跌时成品油零售价格调整的速度快得多,相关学者,如 Bacon(1991)利用二阶局部调整模型(quadratic partial adjustment model)、Karrenbrock(1991)通过建立分布滞后模型(distributed lag model)、Borenstein 等(1997)利用非标准不对称误差修正模型(non-standard asymmetric errow correction model)、Balke 等(1998)建立基于向量误差修正模型的两区别门限协整体验、Godby 等(2000)在 Engle-Granger(简称 E-G)两阶段方法的基础上建立了误差修正向量自回归模型(error correction vector autogressive model)、Johnson(2002)利用不对称误差修正模型、Bachmeier 构建了 E-G 两阶段不对称误差修正模型(asymmetric ECM based on EG two-step)分类研究这类非对称问题。国内学者,如回爽等(2006)、焦建玲等(2006a)主要利用不对称误差修正模型对该问题进行了研究。魏巍贤和林伯强(2007)的研究表明国际油价与国内油价之间存在长期协整关系,且前者对后者具有导向作用,但两者之间短期波动过程不同。仰炬等(2009)利用协整检验等方法,探讨了国外原油市场对中国成品油(燃料油)市场的相互关系,肯定了中国成品油定价机制采取"原油成本法"的合理性。郭毓峰和张意翔(2009)以 2000 年 1 月~2007 年 8 月的国际原油价格与国内原油价格为基础数据库,采用因果检验、协整检验、向量误差修正模型和方差分解等方法进行研究,表明国际原油价格和国内原油价格之间具有较为明显的协整关系;国际原油价格是国内原油价格长、短期变化的原因,但这种影响随着时间的推移而逐渐减弱。张亚雄和李继峰(2010)基于国家信息中心可计算一般均衡模型(SIC-GE)模型,研究了成品油价格上涨、行业补贴与中国经济发展的关联度。

3. 国内原油市场对国际原油市场融合度研究

Adelman(1984)首先提出世界原油市场一体化的概念,相关研究主要从价格波动关联和产出流动分析展开。在价格波动关联研究方面具有代表性的成果主要有 Weiner(1991)、Sauer(1994)、Ripple(2001)、Kleit(2001)等;在产出流动分析方面具有代表性的成果主要有 Elzinga 和 Hogarty(1973)、Elzinga 和 Hogarty(1984)等。国内学者关于国际国内原油市场融合的具有代表性的成果主要有焦建玲等(2004a)、张意翔等(2007)的研究。国外学者对世界原油市场融合性的研究比较广泛，但仍缺乏包含中国原油市场样本的实证分析；关于中国和世界原油市场融合的研究总体而言还较为缺乏。

4. 国际原油期货价格与现货价格关联研究

国外该方面具有代表性的成果主要有 Sadorsky(2000)、Lin 和 Tamvskis(2001)、Hammoudeh 等(2003)。国内的研究成果主要有吴秋南(2001)、范瑛和焦建玲(2008)等。国内研究对于两种价格上升和下跌作用强度的定量研究还有所不足。

通过对油价波动的几个方面的研究可以看出，绝大多数文献都将注意力集中在原油及其价格上，主要探讨原油进口及国际原油价格对国内宏观经济和油价的影响，而对国内原油价格有所忽视，且对国际进口原油价格和国内自产原油价格对成品油价格的影响涉及较少。加强对国际原油价格和国内原油价格因素对成品油价格的影响及成品油价格对国内外原油价格的影响的研究，既有助于理顺原油价格与成品油价格之间的传导及反馈机制，也有助于合理安排国内原油生产和国际原油进口，更有助于对整个国民经济进行科学、合理的宏观调控。

国外对石油价格波动对经济影响的大规模研究始于两次石油危机后。两次石油危机使国际油价猛涨了数十倍，许多西方发达国家受到了非常大的影响，这也促使众多学者纷纷从国家安全战略的高度来研究石油价格波动问题。

1.3.2　油价波动对宏观经济的影响

关于石油价格波动最早的研究来自 Hamilton(1989)，他对石油价格及宏观经济之间的影响进行了实证研究，发现油价与经济指标之间确实存在非常显著的相关关系。随后 Mork(1989)通过研究提出，随着油价的下跌，其与宏观经济之间的关联性可能会逐渐减弱，即石油价格上涨和下跌过程对经济的影响是非对称的。Hooker(1996)在随后的研究中证明了 Mork 的观点。Hamilton(1983，1996)认为，石油价格上涨对经济具有滞胀效应。具体地说，石油价格波动对经济的负面影响主要包括加大通货膨胀、抑制经济增长、加剧金融市场动荡和恶化就业形势。Rotemberg 和 Woodford 等(1996)认为石油价格上涨会缩减石油使用量，从而使相关产业的产量下降，进而影响进出口并导致通货膨胀。Alan 等(1998)基于效率工资模型的分析，发现石油价格的变化会影响均衡失业率。Fried 和 Charles(1975)认为石油价格上涨直接导致石油进口国的收入向石油出口国转移，石油进口国的消费需求下降。由于石油进口国石油消费需求下降的幅度大于出口国石油供应的增长幅度，整个世界的石油消费量随之下降，进而阻碍经济的增长。Jones 和 Kaul(1996)从理论方法和实证研究两方面综述了石油价格波动对经济影响的已有研究，该综述涉及多个国家和地区，但是没有得出石油价格波动对经济影响的定论。此外，很多学者和机构结合其国家的实际情况，对油价波动对宏观经济的影响提供了实证研究。Lee 等(2001)通过对美国宏观经济的研究发现，石油价格上涨增加了高耗能行业的投入成本，迫使高耗能行业减少生产投入，从而导致经济衰退。Lee 等(2001)通过研究发现，日本 30%～50%的经济衰退是石油价格波动导致的货币紧缩政策造成的。Chang 和 Wong(2003)分析了石油价格波动对新加坡经济带来的影响。研究结果显示，石油价格波动对新加坡的 GDP、通货膨胀率和失业率的影响较小，一方面是因为新加坡的石油强度不断下降，另一方面也与其石油进口开支占 GDP 的比重不断下降有关。然而，即便如此，石油价格波动对新加坡经济的影响也不容忽视。Cunado 和 Gracia(2005)对石油价格波动对亚洲六国经济增长和消费者价格的影响进行了分析。Farzanegan 和 Markwardt(2009)发现伊朗经济容易受石油价格波动影响，油价的上涨和下跌都会增加伊朗的通货膨胀率，而石油价格上涨对伊朗的工业产出存在正相关关系，油价波动对政府实际支出有边际影响。

国内有关石油价格波动与经济关联的研究从 20 世纪 90 年代以后才逐渐丰富起来，其中既有定性研究，也有定量研究。陈波(2009)预测了石油价格波动对中国经济增长的影响，认为中国的经济结构正在进入对石油需求量大、需求上升快的阶段，但能源效率不高，因此居高不下的油价会对中国经济产生巨大的冲击力。于伟和尹敬东(2005)采用向量自回归(VAR)模型，以各经济变量对石油价格冲击的弹性来衡量油价波动对我国经济的影响程度，指出石油价格上涨对阻碍我国经济的增长具有滞后性，而油价下跌只是在短期内对经济有刺激作用。刘希宋和陈蕊(2004)最先测算了石油价格波动对国民经济均衡的影响，并利用投入产出模型分析了石油价格波动对我国各个行业的影响程度。刘亦文和胡宗义(2009)采用动态可计算一般均衡(MCHUGE)模型，研究石油价格上涨 20%对我国经济造成的影响，结果证明，与石油生产相关的行业将从油价上涨中获利，以石油为原料的行业会受到石油价格上涨的影响。黄赜琳(2006)研究了石油价格波动对我国居民消费结构、进出口贸易、国内物价及企业投资的影响，并在此基础上提出了规避石油价格波动风险的政策建议。王梓薇和刘铁忠(2007)通过实证研究得出国际和国内石油价格对我国经济的影响逐渐增大，我国存在潜在的石油价格风险。宋洁琼(2007)借助格兰杰(Granger)因果关系检验研究了石油价格波动对我国主要经济指标的影响，实证结果表明，石油价格波动能够通过货币政策和固定资产投资两方面给我国经济带来冲击。魏一鸣等(2008)通过能源经济模型的使用，分析了国际石油价格上涨对我国社会经济的影响，并围绕降低油价影响的石油管制政策和相关部门的技术进步进行了政策模拟，研究发现，国际石油价格持续上涨将会加剧我国的通货膨胀，减缓经济增长，降低股票市场的投融资能力和居民生活水平。韩智勇等(2004)通过对 1978～2000 年中国能源消费与经济增长的协整性和因果关系的研究得出结论：中国能源消费与经济增长存在双向的因果关系，但不具有长期协整性。因此，中国在制定能源政策时既要考虑对经济增长目标的冲击，也要充分估计能源供应能力的严重性和紧迫性。童光荣和姜松(2008)通过分析我国石油价格的时间序列数据，发现石油价格存在杠杆效应，并采用非线性高斯随机动态模型，考察石油价格波动对 GDP 增长的影响，研究结果表明，不断上涨的石油价格对 GDP 波动的影响存在非对称性，对产出存在明显的滞后冲击。吴丽丽(2008)简要总结了石油价格对经济增长影响研究中的数据处理问题，并指出了可能存在的问题。田新翠等(2010)基于非均衡理论，通过道格拉斯生产函数寻求石油价格波动对中国经济影响的作用机理，研究结果表明，石油价格波动从长期来看对经济会产生负面效应，而短期内，石油价格波动反而会刺激中国经济的增长。

1.3.3　油价波动对物价的影响

关于国际油价波动对物价水平的影响这一问题，国内外学者开展了一系列卓有成效的研究。20 世纪 70 年代起，众多学者就开始分析油价波动对物价水平的冲击方向、影响水平及作用时效。

1. 实证方法：多样明显化的趋势

可将众多学者的实证方法大致分为以下几种类型。一是投入产出模型。例如，Wu 等(2013)应用投入产出模型分析了油价冲击对中国物价水平的影响，他们认为中国的物价控制对于降低油价波动对通货膨胀影响的作用十分显著；Martin(2011)、任泽平等(2007)、桂纕评和李双妹(2011)用投入产出模型测算了原油价格变动对本国物价总体水平和各部门产品价格的影响程度。二是一般均衡模型。例如，Doroodian 和 Boyd(2003)运用动态一般均衡模型检验了国际原油价格对美国国内通货膨胀水平的冲击效应；任若恩和樊茂清(2010)通过建立跨时优化一般均衡模型，实证分析了国际石油价格变化对国内物价水平的影响。利用该方法的还有 Uri 和 Boyd(1997)、林伯强和牟敦国(2008)等。三是时间序列模型。例如，Hahn(2003)运用 VAR 方法考察了油价波动对欧盟各国物价水平的影响；林伯强和王锋(2009)运用递归的结构向量自回归(SVAR)模型分析了能源价格上涨对一般价格水平的影响。四是有部分学者在非线性模型的研究框架下考察油价波动对物价水平的影响。例如，Cuñado 和 Pérez(2003)在非线性框架下、陈建宝和李坤明(2011)运用平滑转换模型(STR)模型分析了国际油价对 CPI 的冲击。除了这三种方法，其他的还有状态空间模型(Chen, 2009)、小波变频分析方法(李成等, 2010)、广义矩阵法(李卓和邢宏洋, 2011)等。

线性研究的关注点是国际油价与物价水平之间存在怎样的稳定均衡的长期关联。Hamilton(1983)基于对美国宏观数据的研究，发现油价波动与国民生产总值(GNP)增长具有显著的关联性。但是 Hamilton 研究的时间是美国石油上涨的阶段，因此，他忽视了油价下跌的传导效应。并且 20 世纪 70 年代，受美国价格管制影响，Hamilton 所选用的价格变量并不能反映真实的市场价格（Mork，1989）。Berument 等（2002）基于土耳其 1990 年的投入产出表，经过迭代法计算表明，油价上涨引起的一般价格水平变化取决于工资、利息等价格的表现。Doroodian 和 Boyd（2003）基于 CGE 模型研究发现在油价上涨和经济增长的情形下，物价总体水平会随着技术进步而回落。日本学者沈中元（2004）利用我国 1997 年和 2000 年的投入产出表，从时间维度上探究剖析了油价对我国物价的作用，发现中国应对高油价的能力日趋减弱。Álvarez 等（2009）在动态随机一般均衡（DSGE）模型的框架下，发现石油价格波动对西班牙和欧元区物价水平的影响是有限的。Surajit 等（2014）借助结构性宏观经济模型考察了国际市场原油价格的震荡对印度经济增长和价格水平等经济变量的传导机制，发现国际油价的冲击会通过贸易渠道、财政渠道和价格渠道传导，导致经济低增长、高通货膨胀。

经济系统本身并不单纯存在简单线性关系，因此基于线性模型的研究不能反映日趋复杂的现实经济。因此，国外学者多综合各种数理方法来研究经济系统的内在关联。Mork（1989）基于 Sims 的研究，构造了六变量季度 VAR 模型，得到油价上涨和下跌对美国宏观经济传递效应的非对称性。这是对 Hamilton 研究结果的扩展和延伸。Martin（2011）利用滚动回归（rolling window regression）研究美国不同时间分布传递效应的非对称性。他发现油价波动对物价水平的传导效应在 20 世纪七八十年代达到峰值。2011 年，油价变动 10%，则物价水平波动 0.45%，而这个值在 2005 年仅为 0.15%左右。Mansor（2015）以马来西亚为例，采用非线性自回归分布滞后（ARDL）模型研究了粮食净进口国家食品和石油价格长期、短期的非对称关联性。Selin 和 Isil（2015）运用马尔可夫区制转换（MS-VAR）模型研究了 2005 年 10 月～2012 年 12 月原油价格和国内汽油价格变动对土耳其消费者价格水平和核心通货膨胀的作用及变量的非线性特征。研究结果发现，油价不稳定是影响经济的主要原因，尤其是对非石油生产国的国内物价水平的影响更大。

综观上述文献，各位学者的研究方法、样本选择均不同，研究结论也迥异。但是大多数学者均忽略了下述客观事实：国际原油价格波动对 PPI 的冲击主要是通过影响原材料厂商成本，然后再传导至下游厂商，因此，国际原油价格在上涨和下降过程中的作用是不同的。在国际原油价格下跌过程中，原材料成本的下降将导致商品价格下降，PPI 向下调整是灵活的。但在国际原油价格上涨过程中，原材料成本的上升将导致商品价格上升，然而部分原材料厂商为了保持市场份额不下降，并不会把所有的成本都转嫁到下游厂商，PPI 向上调整幅度较小，并表现出一定的黏滞性。这表明国际原油价格对 PPI 的冲击效应可能不是线性的，而是表现出非线性和非对称性。而在线性模型的分析框架下无法刻画出这种冲击效应，因而非线性模型是更好的选择。

2. 油价波动非对称对物价的冲击：机制与实证并重

Barsky 和 Kilian(2004)认为，国际油价冲击对通货膨胀的影响是毫无争议的，石油价格上涨会导致物价水平上涨。尽管油价冲击对宏观经济的影响有减弱的趋势(Rotemberg and Woodford，1996；Barsky and Kilian，2001)，但 2003 年以来石油价格的剧烈波动与通货膨胀依然紧密相关(Kilian and Lewis，2011)。研究国际石油价格与我国物价水平之间的关系的学者有不同的观点，部分学者认为我国通货膨胀与国际原油价格波动之间的关联性很不显著(王凤云，2007；曾林阳，2008；王彬等，2010)，也有研究表明国际原油价格上涨会导致我国物价水平明显上涨(史丹，2000；曾秋根，2005；吴力波和华民，2008)。中国经济增长与宏观稳定课题组(2008)通过计量分析发现，国际原油价格对国内物价的影响在中长期逐步上升，外部冲击是导致通货膨胀的因素之一。中国人民银行营业管理部课题组等(2009)考察了 1997 年 1 月~2008 年 8 月外部冲击对我国国内物价水平的影响。

国内学者也对相关线性问题做了较多考察。任泽平等(2007)以投入产出模型为研究方法，分别测度了油价波动对国内一般价格水平和细分部门价格水平的传导效应。林伯强和王锋(2009)在投入产出法的基础上，区分了受管制和不受管制两种情形，就能源价格对物价水平的传递效应做了系统全面的分析。中国经济增长与宏观稳定课题组综合扩展的 Phillips 方程和 VAR 模型研究表明，中长期情境下，国际油价波动对国内总的价格水平影响显著。陈淼和李王欣欣(2015)建立了一般均衡模型，综合利用 SVAR 理论进行实证分析，结果发现尽管国际油价上涨在一定程度上推动了国内一般价格水平，但是作用力度较小，且影响持续性比较长。

油价震荡的非对称性传导随着研究的深入也得到国内学者越来越多的关注。于渤等(2002)、于伟和尹敬东(2005)、吴振信等(2011)构建了原油价格和物价水平、失业率等经济变量的动态系统，运用 VAR 模型考察了油价波动与经济增长的关系。钱争鸣等(2005)基于 VAR 和修正的向量自回归(VEC)模型发现，世界油价并不是我国 CPI 的 Granger 原因，即两者并不存在因果关系。杜金岷和曾林阴(2008)也基于 VAR 经验数据研究了油价波动对一般价格水平的传导效应。李卓和邢宏洋(2011)在附加石油价格冲击的新凯恩斯菲利普斯曲线的基础上发现，国际油价波动对我国物价水平的影响短期内具有显著性，而长期则不显著。陈建宝和李坤明(2011)、封福育(2013)基于非线性平滑过渡(STR)模型对国际油价与国内通货膨胀的非线性关系进行了充分探究，研究发现国际油价与 CPI 之间的关系总体来讲较为稳定，虽然对物价的调整力度较小，但是正在对物价变动发挥着越来越重要的作用(陈建宝和李坤明，2011)；而油价对 PPI 的冲击也同样具有明显的非线性效应(封福育，2013)。郑丽琳(2013)、王丽和毛泽盛(2014)结合协整方法和状态空间模型分别研究了国际油价和大宗商品价格波动与物价水平间的长期不对称关系，发现价格正负向波动与物价水平之间存在明显差异。

在传导效应非对称研究中，非对称性误差修正模型（APT-ECM）受到国内学者的关注。李治国和郭景刚（2013b）在 APT-ECM 分析框架下，发现原油价格上涨和下跌对成品油价格的影响存在不一致的特征。王晶晶等（2014）将非线性门限误差修正模型应用于我国生猪产业价格传导中去。杨茜和武舜臣（2015）采用不对称误差修正模型，分别从贸易渠道和期货渠道检验了小麦国内外价格传导的非对称传导效应。

1.3.4　相关评述

已有相关研究以经验研究为主，较少从理论构建的角度揭示国际油价波动对我国通货膨胀的影响机制。相关研究可能存在着以下不足：其一是缺乏国际石油价格波动对我国通货膨胀传导路径及其影响的研究；其二是没有充分关注国际石油价格对我国结构性通货膨胀的冲击效应，而我国近期通货膨胀的结构性特征十分明显，特别是有待将多变量内生模型系统引入国际油价冲击对我国结构性通货膨胀的研究中；其三是在数据选取上，未能涵盖石油价格的剧烈下跌期和最新一轮的上涨周期，无法有效凸显出石油价格的"波动性"变化对国内物价的影响。

国际油价波动对国内物价水平传导的非对称研究已经得到了相关领域学者专家的广泛关注。然而，已有的相关文献多针对油价波动对 CPI 的传导，既忽视了油价对 CPI 不同组成的考察分析，也缺乏油价对生产资料价格水平 PPI 的研究，以及油价与 CPI、PPI 之间的交叉关系。同时，在研究方法上非对称性误差修正模型突破了简单的误差修正模型（ECM）只能反映修正短期偏离的局限，强调正负序列的非线性，这是 ECM 在非对称性研究上的扩展。本书从研究方法和研究内容两个方面进行创新，将油价波动对物价水平的非对称传导置于协整和 APT-ECM框架下，分别研究油价对不同类型价格指标的直接影响，以及油价与 PPI 和 CPI之间的相关关系，从而判断传导机制是否具有不对称特征，为政府经济政策的制定提供理论参考。

1.4　研　究　价　值

本书通过研究国际原油价格和国内原油价格波动的非对称性、国内原油价格与成品油价格波动的非对称性、国内原油价格与国际市场石油期货价格波动的非对称性、原油价格与其他能源价格波动的非对称性，发现其中的波动机制与规律；进而分析这种价格波动的非对称性对 CPI 和 PPI 的价格水平的传导机制，发现其中的一般机理；进一步通过数据的实证分析，发现油价波动的非对称对一般价格水平的影响力度；在此分析的基础上，提出规避风险的对策，以期对竞争性市场规避油价非对称波动带来的风险有所裨益。

1.4.1　研究的理论价值

（1）本书内容有助于确定科学的国内石油价格管理机制。本书通过分析石油价格波动非对称问题的研究，构建合理应对这种非对称价格波动的机制，有助于对石油定价机制的改革提供理论支持，充分考虑各种市场的影响，对中国能源安全和促进国民经济的可持续发展产生积极作用。

（2）本书内容有助于统筹安排中国应对石油价格波动非对称条件下的相关法律法规的完善。

（3）本书内容有助于确定产品市场价格应对油价波动非对称风险的一般机理与逻辑。

1.4.2　研究的应用价值

随着经济的快速发展，为满足国民生产和经济发展的需要，中国必须依靠大量的原油进口。中国作为全球第二大石油消费国，石油消费量仍在不断攀升，对外依存度不断增强，2013 年就超过了 60%，超过国际上公认的 50%的"安全警戒线"，这对国家能源安全构成了严重威胁。中国能耗性产业结构集中，石油依存度较高。在石油价格波动的非对称性显著背景下，中国石油市场被其他市场价格波动进行利益侵占的可能性在升高。因此，需要建立石油价格波动非对称的管理系统，减少这种非对称波动带来的巨额损失。

目前国际政治经济形势较复杂，可能引发国际石油市场动荡的风险不能排除。因此无论从充分利用国际、国内资源保障国内供应的角度，还是从运用价格杠杆促进石油资源节约的角度，本书所研究的石油价格波动的非对称问题的现实价值都非常显著。

第2章 成品油现行定价机制
与成品油市场平衡关联研究

2.1 概　　述

　　1998年以来，国内原油、成品油的价格管理体制便开始尝试进行改革，向完全与国际市场接轨的方向迈进。虽然二十多年来我国对成品油价格形成机制频繁做出调整，但其依然存在严重的滞后性，油价飞涨甚至"油荒"现象依然存在，成品油定价机制的市场化程度依旧不够完善。目前国内市场上成品油的批发价格已经基本为市场化价格，但是在零售环节还没有实现完全市场化定价。鉴于2014年下半年以来国际石油市场格局持续动荡，2014年的定价机制出现了一些不适应的问题，2016年1月13日，国家发展和改革委员会发布了《国家发展改革委关于进一步完善成品油价格形成机制有关问题的通知》，决定进一步完善成品油定价机制，并进一步推进价格市场化。因此本书对本次定价机制调整与国内成品油市场平衡之间的关联进行分析，其对稳定成品油市场，保障国民经济平稳运行具有重要意义。

　　关于成品油定价机制的研究，由于大多数西方国家的成品油价格是由成品油市场的供需情况而决定的，国外学者并没有把太多的精力放在研究成品油的定价机制上，而是更倾向于研究原油成本对成品油价格的影响，且多数研究成果表明成品油与原油价格之间存在非对称性的关系。Bacon(1991)利用英国1982~1989年的双周数据进行研究，发现原油价格上升时成品油零售价格调整的速度要比原油价格下跌时成品油零售价格调整的速度快得多。这种成品油价格对原油价格上升的反应明显快于下跌的非对称性现象被其描述为"火箭和羽毛"。Borenstein 等(1997)测试并确认了上述结论，提出不对称的来源可能是生产或库存调整的滞后性和一些卖方的市场力量。Chen 等(2005)采用协整检验方法分析汽油价格的非对称调整，发现非对称性不但存在于短期和长期调整之中，也存在于现货和期货市场；此外在零售汽油价格调整中所观察到的不对称主要发生在涉及汽油分布的下游阶段，而不是在炼油厂和原油市场之间的上游阶段，其为 Borenstein 等(1997)的研究结果提供了新的支持依据。国内学者的研究大多集中在国内现行定价机制的不足及对成品油定价机制的改革完善提出政策建议等方面。焦建玲等(2004b)对我国石油价格体系中存在的问题进行了分析并提出了相应的改革建议。陈智文

(2006)基于目标区理论对我国成品油定价机制进行定量分析，且其设计的动态管理机制可为政府引导市场提供科学参考。纪瑶和高新伟(2014)在对我国历次定价机制改革的优劣进行综述后，继而对未来成品油实现市场化定价的改革措施进行系统分析，并提出加大相关前沿问题研究力度的建议。董秀成(2014)在总结国内成品油定价机制改革的进程和成效的基础上指出成品油价格完全市场化是我国成品油定价机制改革的大趋势。

关于成品油市场方面的研究则相对较少。Nakov 和 Nuño(2011)以全球市场为基础设计一般均衡模型，通过该模型分析得出石油价格、石油生产和消费是由石油进出口商共同确定的优化决策的结果。Tong 等(2013)对原油市场和成品油市场之间的上下尾部随机关系的非对称性和危机(泡沫)传播的非对称性进行了研究，发现下尾部和上尾部的依赖性都是积极的，表明原油和成品油市场往往一起移动，且原油和成品油回报之间的危机(泡沫)传播的非对称性非常弱。梁保(1994)、朱正亮和张寿林(1994)提出要加强我国石油、成品油市场管理的主张。曾冬梅(2014)对我国成品油零售市场的营销现状进行了详细分析，并提出了相应的市场营销对策。

传统经济模型一般都假定竞争是一次性的，各厂商同时喊出自己的价格。但实际上由于耐久性投资、技术知识和进入壁垒等，各厂商间形成了相对稳定的长期竞争关系，所以厂商仅能够通过观察或预测竞争对手的价格行为来相应地调整自己的行为。在这种情况下，厂商不需要正式的书面协议，也不需要定期碰面商讨合作，只要双方都遵循一定的战略，在非合作前提下也会出现合作的结果，即形成厂商间合谋。但这种合谋是不稳定的，如果部分厂商发生了背叛行为，从而招致合谋集团内部其他厂商的惩罚，则会致使合谋破裂，形成价格战。基于这种不稳定的合谋的研究正在逐步深化。

关于成品油价格制定中合谋问题的早期研究是建立在单期静态分析的基础之上的。对于合谋的出现，Stigler(1964)认为，由于欺骗动机和行为的存在，企业之间的合谋是不稳定的。20 世纪 80 年代以来，博弈论被广泛应用于研究不完全竞争市场中的企业战略行为，有关合谋的研究得以在多期动态分析框架下展开。Friedman(1971)认为，在无限期重复博弈中，冷酷战略的实施会使背叛者丧失获得长期合作的收益，从而使企业之间的合谋得以维持。Abreu(1986)证明，在无限期重复博弈中，"胡萝卜加大棒"策略足以激励参与合谋的企业维持合作均衡。国内学者，如罗建兵和许敏兰(2007)认为，合谋理论作为激励的一个分支，近年来已经进入主流经济学的研究前沿。可见，合谋早期的研究主要用来解释组织间的企业价格合谋，一般属于静态分析；博弈论引入后的分析则更多是对合谋均衡的动态研究；同时合谋理论也拓展到拍卖和决策等领域。近年来，在不完全契约等理论发展的基础上，合谋理论转入组织内研究。这些研究奠定了合谋理论研究的基本范式和建立的模型。

石油行业的行政管制方面。Stigler(1971)认为石油行业内凭借政府管制而获取利益的既得利益者,会利用已形成的强大政治影响力获取政府管制政策的支持,排挤、限制竞争对手进入。Percebois(1999)研究了欧洲油气的行业管制问题,提出不仅应在国家内还应在整个欧盟区,放松对天然气能源行业的管制,打破行业垄断,引入市场化的竞争。Robinson(2000)认为政府对石油等能源行业的行政管制没有促进行业的发展,反而阻碍了行业的正常发展。Locatelli(2006)从石油的产业结构、产权改革等方面分析了俄罗斯石油产业,并根据俄罗斯国情提出了针对性的改革建议。苟三勇(2006)指出政府的行政管制是我国石油行业形成行政垄断最根本的原因。他认为对石油行业改革应从降低市场准入、改革成品油定价机制和减少政府管制等方面入手。章裕峰(2010)概述了我国石油行业管理体制的变迁,提出改革现有石油行业,首先要完善市场化,引入充分的竞争机制;其次要完善行业内的法律法规。王冠(2008)研究了行政垄断在石油行业内部的传导机理,认为垄断油企在上游勘探开采领域的行政垄断是中下游产生各种问题,如“油荒”等的根源,要想从根本上解决“油荒”问题就必须在上游的开采领域进行改革,实现市场化的竞争。胡琰琰(2013)在石油行业行政垄断的基础上,运用规模效应的寡头垄断修正模型,得出政府的行政管制有可能加强寡头垄断行为的结论。

石油行业行政垄断效应影响方面。马庆国等(2007)采用数据包络分析法(DEA)和层次分析法,实证测算了我国石油行业的整体效率、规模收益等指标,最终得出我国石油行业整体经营效率偏低的结论。于良春和张伟(2010)对石油行业行政垄断的强度及资源配置效率进行了估算,得出行政垄断会导致石油行业效率降低和损失巨大福利的结论。张红宝(2011)提出我国现行的石油管理体制为三大国有油企垄断石油市场提供了制度上的保证,赋予了其垄断的特权,并对行政垄断所导致的社会福利损失进行了估算。李治国等(2012)研究发现行政垄断导致石油行业经营效率低下,并对石油的行业和地区效率进行测度,验证了行政垄断会在一定程度上抑制民营企业的发展,使行业生产效率降低。彭树宏(2013)研究了垄断所造成的社会福利损失,对哈伯格三角形(Harberger triangle)、塔洛克四边形(Tullock quadrangle)和 X-非效率等理论及实证测算等做了相关评述。

通过以上研究可以看出,关于成品油价格,国外学者主要研究原油成本对成品油价格的非对称影响,而国内学者的研究重点大多放在国内定价机制的不足和提供完善建议等方面;国内外学者对成品油市场的研究都比较少,对成品油定价机制与成品油市场之间平衡关联的研究更是寥寥无几。行政垄断方面,目前国内对石油行业行政垄断的研究主要集中在行政垄断成因及垄断的绩效分析上,对行政垄断造成石油行业福利损失的分析比较少,研究绩效和福利损失两者机理关系并进行实证测算的更少。从实证角度来看,相关的研究主要是侧重理论分析,机理分析与实证研究有待进一步深入。

基于当前研究领域存在的不足，本章将从以下几个方面展开：第一，基于我国成品油市场寡头垄断的现状，以中国石油、中国石化为例，利用古诺模型针对2016年定价机制调整的内容对成品油市场均衡的影响进行分析。第二，在寡头垄断背景下，通过博弈分析的方法，以合谋的视角，来分析成品油定价的有限规制问题。第三，在寡头垄断背景下，利用灰色关联分析法，构建成品油市场均衡评价体系，对2016年成品油定价机制调整前后对成品油市场均衡的影响进行动态分析。第四，在行政垄断背景下，进一步分析石油企业的行政垄断造成的福利损失。本部分从行业效率测度及福利损失估算两个角度对我国石油行业行政垄断的效应进行实证研究。第五，针对研究结果，提出建立合理的市场竞争机制、加快推进石油期货上市、深化改革以实现成品油完全市场化定价等建议。

2.2　基于古诺模型的成品油定价机制与成品油市场平衡的关联分析

花旗银行2015年表示：如果中国石油和中国石化两大集团合并，二者将占据中国上游油气生产产业份额的77%，冶炼产品份额的79%，石油零售市场份额的90%。可见，中国石油和中国石化始终占据我国成品油市场的绝对垄断地位，双寡头垄断格局是中国海油目前也无法撼动的，且中国石油和中国石化的炼制工艺大体相同，二者生产的产品相差不大。改组二十余年来两大公司的业务在各领域、各地区都有不同程度的重合，对市场需求均有足够的掌握。另外，两大集团之间的关系微妙，在合作中竞争，在对立中发展，在成品油销售市场上相互博弈，以维护双方的寡头垄断地位作为最大的战略目标。同时，中国石油、中国石化长期垄断成品油销售市场，也为阻断国外石油巨头挤入市场起到了至关重要的作用。因此基于我国目前成品油市场的双寡头垄断特征，本节将用古诺模型来分析此次成品油定价机制调整内容对我国成品油市场均衡的影响。

2.2.1　古诺模型与纳什均衡分析

古诺模型最初由法国经济学家Cournot(1838)提出，用来分析双寡头垄断市场的厂商行为。最初该模型假设：寡头垄断市场中只有两个生产厂商，二者生产和销售相同的产品，且他们的边际成本为零；两个厂商共同面临线性的市场需求曲线，都能准确掌握市场的需求情况；对方产量是已知的，两个厂商在此基础上确定能够给自身带来最大利润的产量，也就是说，每个厂商都是消极地用自己的产量去适应对方的产量。

纳什均衡(Nash equilibrium)指在一个策略组合中，当任何其他人都不改变策略时，那么没有人会改变自己的策略，使得同一时间每个参与者的策略都是对其他人策略的最优反应。古诺模型的均衡产量就是参与各方都不会改变自己策略的最优解，这恰恰符合纳什均衡的定义。所以，事实上古诺模型的分析过程也就是纳什均衡的实现过程。

2.2.2 模型分析

基于我国成品油市场双寡头垄断的格局十分适用于古诺模型的假设条件，下面以中国石油、中国石化为例，通过古诺模型，来分析现行成品油定价机制中设置的成品油价格调控上下限对成品油市场平衡的影响。

假设中国石油、中国石化分别为企业 1、企业 2，q_1、q_2 分别为企业 1、企业 2 生产的成品油的产量，市场中成品油的总供给为 $\theta_1 = q_1 + q_2$，并且将企业 i 生产总成本 $c_i(q_i)$ 和成品油市场出清价格 $P(\theta_1)$ 设定为一般线性表达式。设企业 i 的生产总成本 $c_i(q_i) = c_i q_i + d_i$，其中 d_i 为企业固定生产成本，c_i 为边际成本。令 $P(\theta_1) = a - b\theta_1$ 表示市场出清时的价格，当 $\theta_1 \to 0$ 时，$P(\theta_1) \to a$，所以可以把 a 当作稀缺商品的最高价格，$0 < b < 1$，θ_1 越大，$P(\theta_1)$ 就越小，因为在一般情况下，商品的产量越大，市场上的供给就越多，商品的价格就越低，这符合市场规律。并且认为 $c_i < a$，且 $a - c_1$ 远远大于 $c_1 - c_2$（令 $c_1 > c_2$），即稀缺商品的最高价格与企业 1 的边际成本之差远远大于企业 1、企业 2 的边际成本之差，因为两家企业边际成本的差额不会太大，否则其中一家企业就会因为成本太高而在竞争中被淘汰。

根据古诺模型的假定，两家企业同时进行产量决策。该博弈可以表述为：①企业 1、企业 2 是博弈的双方；②任意一家企业可以选择的策略是其产品的产量 $S_i = (0, +\infty)$；③根据每一个有可能出现的参与者的策略组合，得出每个企业的利润为

$$\pi_1(q_1) = Pq_1 - c_1 q_1 - d_1 = q_1[a - b(q_1 + q_2) - c_1] - d_1 \tag{2-1}$$

$$\pi_2(q_2) = Pq_2 - c_2 q_2 - d_2 = q_2[a - b(q_1 + q_2) - c_2] - d_2 \tag{2-2}$$

如果 (q_1^*, q_2^*) 为纳什均衡，那么对于每一个 i，q_i^* ($i = 1, 2$) 应该是企业实现利润最大化问题的解：

$$\max \pi_i(q_i^*, q_j^*) = \max\{q_i[a - b(q_i + q_j^*) - c_i] - d_i\}, 0 < q_i < +\infty \tag{2-3}$$

因为 $\pi_i(q_i^*, q_j^*)$ 函数是严格的凹函数，所以该最大化问题的一阶条件不仅是充分条件，也是必要条件。因此，企业应该选择的产量为

$$q_1^* = \frac{a - bq_2^* - c_1}{2b} \tag{2-4}$$

$$q_2^* = \frac{a - bq_1^* - c_2}{2b} \tag{2-5}$$

解方程组得

$$q_1^* = \frac{a + c_2 - 2c_1}{3b} \tag{2-6}$$

$$q_2^* = \frac{a + c_1 - 2c_2}{3b} \tag{2-7}$$

即双寡头垄断的纳什均衡。而此时的均衡价格为

$$P^* = \frac{a - c_1 - c_2}{3} \tag{2-8}$$

(1)如果国家对成品油制定的零售指导价格 P 恰好等于上述成品油市场的均衡价格 P^*，那么成品油市场正好处于均衡状态，说明指导价格合理。此时，在国际市场原油价格保持平稳的情况下，国内市场原油价格和国际市场原油价格将基本一致。假如中国石油、中国石化两大集团的炼油成本基本相同，即 $c_1=c_2$，那么两大集团的产量均为 $q = \dfrac{a-c}{3b}$。

(2)如果国家指导零售价格 $P<P^*$，那么在供给能力有限的情况下，没有任何一家企业可以单独满足成品油市场的需求，且此时任何一个厂家都不会再次降价，因此该情况不符合伯川德竞争模型。如果有一家企业执行国家指导价格，那么另外一家企业会发现限产提价对其是有利的。虽然国家不允许明确提价，但是在现行成品油价格形成机制中，成品油批发价格已经基本上实现了完全市场化，因此企业可以提高批发环节的价格，甚至使批发价和零售价趋于一致，或者采取其他渠道高价出售油品，以获取高额利润。若两大集团均有此想法，那么上述古诺模型的均衡产量仍然有效，但市场上会出现"批零一价"的油价倒挂现象。

因此，国家制定的指导价格不宜过低，否则将不利于成品油市场的平稳运行，合理的零售价格，给两大集团适当的利润，能保证国内成品油的正常供给，使成品油批发市场和零售市场正常运转，有利于成品油市场的均衡。于是现行的成品油定价机制中出现了每桶40美元的调控下限，该下限是综合考虑了国内原油开采的成本、国际市场原油价格长期走势和我国的能源政策等因素确定的。再加上国际主要石油企业的平均产油成本在每桶40美元左右，产油成本是决定国际油价长期走势的主要因素，所以每桶40美元的调控下限是相对合理的，有利于保障成品油市场的平衡。

(3)如果国家指导价格 $P>P^*$，则成品油市场相当于完全放开给双寡头垄断企

业,这样就给了中国石化和中国石油两大集团合谋的机会。所谓的成品油价格合谋是指成品油企业之间为了防止在竞争中出现两败俱伤的局面而互相勾结的行为。目前,世界各国的反垄断法中对明确的合谋行为是明令禁止的,因此非公开的默契合谋现在成为企业间互相勾结的主要方式。

因此,国家制定的指导价格不宜过高,这样才能有效避免两大集团合谋,防止他们之间以默许的规则控制成品油价格、产量和销售地区等来牟取超额利润,损害社会公众利益。自从 2013 年的成品油定价机制改革实施起,运行平稳,效果十分显著,能够灵敏反映国际市场油价的变化,同时保证国内成品油市场的正常供应和有序竞争,有利于保障成品油市场平衡。

(4)通过以上分析可以看出,在当前双寡头垄断的市场环境下,此次定价机制调整中设置的每桶 130 美元和 40 美元的上下限是比较合理的,能有效避免两大集团因恶性竞争或者默契合谋对社会公众利益造成巨大的损害,保证国内成品油市场的正常供应,有利于促进成品油市场平衡。而且当政府指导价格水平等于成品油市场达到古诺均衡的价格水平时,国内成品油市场恰好处于均衡状态。

2.3　成品油定价机制中的有限规制:基于合谋的视角

石油及大部分石化产品与国计民生密切相关,而成品油作为一种经济发展所必需的常规燃料,在我国的经济发展和人民生活中占据越来越重要的地位。长期以来,石油企业成品油的生产和销售受到国家计划的严格控制。其中,成品油价格是市场中反映供需关系的信号,引导着资源的配置方式和配置效率。如果价格形成机制受到扭曲或者根本不是由市场形成,那么资源的利用效率就会受到损害。目前,我国成品油价格形成机制中还存在着诸多不足,同时政府的价格规制也未能完全发挥作用。其中的关键在于成品油价格形成机制中垄断集团发挥了支配作用,他们在定价时既存在合谋也存在博弈。正是基于该考虑,有必要从有限规制与合谋的视角来探讨我国成品油价格形成机制的改革。

2.3.1　成品油价格合谋及其影响的现实因素分析

1. 我国成品油价格规制的基本现实

价格规制是指政府出于有效配置资源和公平供给的目的对价格水平和价格体系进行规制的措施,合理的价格规制有助于提高资源配置效率和社会福利。2008 年 12 月 18 日,国务院发布了《国务院关于实施成品油价格和税费改革的通知》,明确了国内成品油价格继续与国际市场有控制地间接接轨。国内成品油出厂价以国际市场原油价格为基础,加国内平均加工成本、税金和适当利润确定。当国际市场原油一段时间内平均价格变化超过一定水平时，相应调整国内成品油价格。在此机制下，成品油零售企业在不超过最高限制的基础上，可以进行弹性定价。该规定更多的是从供给的角度进行定价，同时考虑到国内成品油供应基本上为中国石化和中国石油所控制，这种机制的改变还很难有效发挥作用。实践也证明了这种判断，2009 年至今，国际原油价格的波动趋势明显，但国内成品油价格却体现出相应的波动趋势。

2. 影响成品油价格合谋的现实因素

合谋可以分为明确合谋和默契合谋两种。明确合谋的企业之间达成了明确的、可观察到的具体协议，如卡特尔协议；而默契合谋的企业之间没有达成具体的协议，只是以一些默认的规则来协调各自的行为，如价格领导制。

从已有的成品油销售的实践来看，价格非公开的默契合谋的可能性广泛存在，这主要是由成品油销售的特点所决定的，具体表现如下。

1)产品和业务上的雷同有助于促成价格合谋

产品的差异性程度与价格合谋的可能性成反比。一般情况下，当各厂商的产品结构比较简单、质量一致时，即厂商的产品具有很强的同质性时，企业之间的联合比较容易；相反，产品差异程度越高、质量差别越大，越难以形成价格合谋。在对石化产业进行多元化改革的过程中，分拆后厂商之间的产品差异性不大。中国石化、中国石油虽然一定程度上业务分开(采油和炼油业务)，但二者业务上有很强的关联性和雷同性；同时成品油销售业务上，存在着区域上的分拆，不同厂商在自己经营的区域内经营，不同区域的厂商容易达成一定的默契。

2)合谋成本的低水平有助于促成价格合谋

价格合谋是一个沟通、协调过程。从发起、接触到合作方案的实施，都会产生相应的支出，这些都是成本的一部分。价格合谋成本较低而预期利益或实际获得利益较大是价格合谋存在的重要原因。实施价格合谋，如果不需要花费经济代价，那就是一种无本交易，一旦达成就可获得巨大的经济利益，即便失败只要不触犯刑律，通常也不会导致直接的经济利益损失或者付出其他沉重的代价。正是这样的现实环境使得成品油销售滋生了价格合谋行为。成品油销售商之所以选择价格合谋，根本在于价格合谋的收益与成本之间存在着诱人的差额。

3)需求弹性较小是成品油价格合谋形成的重要影响因素

成品油市场与其他市场有着显著不同的特性。由于成品油的替代性较小，短期内，大多数消费者对价格的敏感度并不高，这便为价格合谋的形成提供了有利条件。在需求弹性较小的情况下，当价格被抬高时，需求量并不会明显减少，因而价格合谋不大可能因为价格抬高而使销售量骤减。由于需求刚性，厂商串通竞标、哄抬油价变得更为容易,同时降低了销售商因销售量减少而遭受损失的风险。

4)在位厂商市场活动的重复行为为默契价格的形成提供了良好的条件

在成品油市场上,市场的监管部门为了做到市场透明和公正,必须定期发布有关实时市场和合约市场的交易信息,每个销售商的报价和容量会公开,这样成品油销售商不仅容易形成默契报价策略,而且很容易监测到对手的偏离行为,从而采取惩罚措施,进而有利于价格合谋的形成。

2.3.2　成品油定价机制中的合谋分析——基于博弈的视角

1. 单期静态博弈分析

首先,假设通过分拆方式,成品油厂商从原来的一元厂商发展为多元厂商,可以是二元或多元,为分析方便,根据我国的实际情况,假定分拆为二元厂商,各厂商的支付矩阵见表 2-1。

表 2-1　单期静态博弈分析

		厂商 2	
		合谋	竞争
厂商 1	合谋	R, R	$-r, R+r$
	竞争	$R+r, -r$	$0, 0$

根据表 2-1,成品油厂商 1 和厂商 2 的博弈结果有四个:第一,双方都选择价格合谋,则双方的得益均为 R;第二,厂商 1 选择竞争,厂商 2 选择合谋,则厂商 1 得益为 $R+r$,厂商 2 得益为$-r$;第三,厂商 2 选择竞争,厂商 1 选择合谋,则厂商 2 得益为 $R+r$,厂商 1 得益为$-r$(其中, R、 $r>0$, $R>r$);第四,双方都选择竞争,则双方得益均为 0。在单期静态博弈条件下,为避免机会主义的选择风险,竞争是双方能选择的最优策略,因此,双方都选择竞争是博弈的优超策略均衡,同时是纳什均衡。但是,若给出一个特定的信号,使双方都选择合谋策略,则厂商间的收益存在改进的可能性。

2. 无限期动态博弈分析

1)长时间内合谋的利益激励

如表 2-1 所示,合谋会使双方都获得好处,在长时间内存在双方达成合谋的可能。这里以独立定产条件下和联合定产条件下双方的得益对比来证明。

假定分拆后的厂商 1 与厂商 2 生产相同的产品。若厂商 1 的产量为 q_1,厂商 2 的产量为 q_2,则预期总产量为 $\theta_2 = q_1 + q_2$;设市场需求函数为 $P = P(\theta_2) = a - b\theta_2$ $(a>0, 0<b<1)$,并假定两个厂商的边际成本均为 $MC = c$。

2)双方各自独立定产

在各自定产条件下，厂商 1 的收益函数为 $R_1 = (a - b\theta_2)q_1 = aq_1 - bq_1^2 - bq_1q_2$，其边际收益函数为 $MR_1 = a - 2bq_1 - bq_2$。同理可得，厂商 2 的边际收益函数为 $MR_2 = a - 2bq_2 - bq_1$。

由产量最优决策条件 $MR = MC$（MR 为边际收益函数），可得 $a - 2bq_1 - bq_2 = c$ 和 $a - 2bq_2 - bq_1 = c$。两方程联立，可得 $q_1 = q_2 = (a - c)/3b$。

在不考虑固定成本的情况下，两家厂商的利润为 $\pi_1 = \pi_2 = (a - c)^2/9b$。

3)双方合谋

在合谋条件下，两家厂商共同的收益函数为 $R = (a - b\theta_2)\theta_2 = a(q_1 + q_2) - b(q_1 + q_2)^2$，其边际收益函数 $MR = a - 2b(q_1 + q_2)$。

由产量最优决策条件 $MR = MC_1 = MC_2$，可得 $a - 2b(q_1 + q_2) = c$，即 $\theta_2 = q_1 + q_2 = (a - c)/2b$。

假设两家厂商的产量相等，在不考虑固定成本的情况下，两家厂商的利润为 $\pi_1 = \pi_2 = (a - c)^2/8b$。

通过对比双方各自独立定产和合谋的结果发现，两家厂商在合谋条件下的收益高于双方各自独立定产条件下的收益，因此，双方存在进行价格合谋的利益激励。

4)长时间内合谋的稳定性

长期来看，不但存在厂商 1 和厂商 2 合谋的利益激励，而且合谋一旦达成，在实施冷酷战略或"胡萝卜加大棒"策略的条件下，为获得长期利益，双方均会选择维持稳定的合作均衡。

仍以表 2-1 为基础，对某一方在合谋和竞争条件下的长期收益进行对比。

假设双方开始时都选择合谋策略，并且都会对背叛采取冷酷战略，假定贴现率为 $t(0 < t < 1)$。如果双方均在长时间内选择合谋策略，则其中一方的长期收益贴现值为

$$R + R/(1 + t) + R/(1 + t)^2 + \cdots = R(1 + t)/t$$

而如果一方在某一时期选择竞争策略，则在对方采取冷酷战略时，其长期收益为

$$R + r + 0 + 0 + \cdots = R + r$$

通过对比可以发现，只要 $R(1 + t)/t > R + r$，即 $t < \dfrac{R}{r}$，长期的合作收益就会大于竞争收益，双方的理性选择就是合谋。由于 $t < \dfrac{R}{r}$ 的条件在题设中已得到满足 $\{0 < t < 1, r < R, (R/r) > 1\}$，厂商 1 和厂商 2 在长时间内的合谋具有相当的稳定性。

总之，在长时间内，无论从利益激励角度看，还是从稳定性上来看，厂商 1 和厂商 2 选择价格合谋策略都是理性的。选择合作的结果就是企业之间进行合谋，如果现实条件满足合谋的要求，企业之间的合谋就更容易形成。在成品油消费者与厂商进行竞争或斗争时，消费者之间由于人数众多，极其不易形成合谋，存在着"少数人剥削多数人"的问题。

3. 有限期动态博弈分析

假定博弈次数是有限的，如在 N 期博弈结束。在第 N 期，正如单期静态博弈的结果那样，成品油销售厂商 1 和厂商 2 均会采取背叛同伙的竞争策略。在双方都是理性人的条件下，双方都会预知对方会在第 N 期采取竞争策略。于是，双方均会在第 N–1 期采取背叛同伙的竞争策略。依次类推，双方在其余各期均会采取竞争的策略，也就是说，从第 1 期开始双方就无法达成合谋。

但上述过程是建立在信息完全和完全理性的假设基础之上的，在信息不对称和有限理性的条件下，仍存在厂商 1 和厂商 2 达成合谋的可能性。并且，在成品油厂商数量增多之后，厂商 1 和厂商 2 的成本都会由于生产规模变小、市场分割等而提高，从而使双方利润空间变小，这更增加了双方合谋以获得联合利润最大化的可能性。

2.3.3　成品油有限价格规制的有效性分析

合谋虽然有利于成品油销售商，却不利于整个社会福利的提高。正因如此，现阶段，有必要对成品油价格实行规制。限价条件下，政府规制者扮演着"协调者"的角色。所谓"协调者"是指在一个博弈过程中作为博弈方，其策略的选择对自己的得益没有直接影响，却会影响其他博弈方的得益，有时这种影响甚至有决定性作用。成品油定价机制的价格规制的博弈模型分析如下。

设成品油销售商 1 和成品油销售商 2 的策略空间为 $s_1 = [0, \overline{P}_1]$ 和 $s_2 = [0, \overline{P}_2]$，其中 $\overline{P}_1$ 和 $\overline{P}_2$ 为政府对成品油销售商 1 和成品油销售商 2 规定的最高价格上限，设规制者惩罚函数为 $G(P_1) = d_i(P_i - \overline{P}_i)$，$i = 1, 2$，其中 d_i 为惩罚函数，满足

$$d_i = \begin{cases} 0, & \overline{P}_i \geqslant p_i \\ m_i, & \overline{P}_i < p_i \end{cases} \tag{2-9}$$

式中，m_i 为任意大正数。

惩罚函数是规制者对成品油销售商超越价格上限采取的惩罚，与成品油销售商制定的价格高低有关。

设成品油销售商 (i=1, 2) 的利润函数为

$$\pi_i = P_iQ_i - C_iQ_i - \mathrm{FC}_i$$

式中，Q_i 为销售商 i 的市场销售量；P_i 为销售商 i 的成品油价格；c_i 为销售商 i 单位销售的可变成本；FC_i 为销售商 i 的固定成本。

以成品油销售商 2 为例进行分析，具体如下。

求解成品油销售商 2 的反应函数，得

$$P_2 = \frac{a_2 + a_1 p_1 + b_2 c_2 - d_2}{b_2} \tag{2-10}$$

式中，a_i、b_i、d_i $(i=1, 2)$ 作为参数可以从过去的销售数据中推算出来，限于篇幅此处计算过程省略。

将式 (2-10) 代入成品油销售商 1 的一阶优化条件中可得两个厂商的均衡价格：

$$P_1^* = \frac{^2a_1b_2 + s_2a_2 + a_2b_2c_2 - {}^2b_2d_2 - s_2d_2 - c_1s_1s_2}{^4b_1b_2 - {}^2s_1s_2} \tag{2-11}$$

$$P_2^* = \frac{a_2 + b_2c_2}{^2b_2} + \frac{s_1({}^2a_1b_2 + s_2a_2 + a_2b_2c_2 + {}^2b_1b_2c_1 - {}^2b_2d_2 - s_2d_2 - c_1s_1s_2)}{^2b_2({}^4b_1b_2 - {}^2s_1s_2)} \tag{2-12}$$

式中，$s_i \geqslant 0$ 表示销售商 i 与另一销售商 j 间的替代系数，也可以表示为

$$s_i = -\frac{\partial Q_j / \partial P_j}{\partial Q_i / \partial P_i} \tag{2-13}$$

当 $P_1 \leqslant \overline{P}_1$，$p_2 \leqslant \overline{P}_2$ 时：

$$P_t^* = \frac{^2a_2b_2 + a_2s_2 + s_2b_2c_2 + {}^2b_1b_2c_1 - {}^2b_2e_1 - s_2e_2 - c_1s_1s_2}{^4b_1b_2 - {}^2s_1s_2}$$

式中，P_t^* 为均衡价格；e 为弹性；下角 1 和 2 分别为厂商 1 和厂商 2。

说明当两个成品油销售商竞争均衡价格不超过各自价格的上限时，价格上限规制不影响成品油销售商的定价，市场处于自由竞争状态。

当 $P_1 \geqslant \overline{P}_1$、$P_2 \leqslant \overline{P}_2$ 时，$d_2 = m_2$，m_2 为任意大正数，则 P_2 趋向无穷大，市场具有潜在需求，但成品油销售商 2 没有供给，此时所有消费转向成品油销售商 1，成品油销售供不应求，价格上升。由于存在价格上限，即当成品油销售商 2 的定价高于价格上限，成品油销售商 1 的定价小于价格上限，出现均衡定价结果时，成品油销售商 1 会选择价格上限。同理，当 $P_1 \leqslant \overline{P}_1$、$P_2 \geqslant \overline{P}_2$ 时，成品油销售商 2 会选择价格上限。

当 $P_1 \geqslant \overline{P}_1$、$P_2 \geqslant \overline{P}_2$ 时，d_1、d_2 均趋向无穷大，成品油供给为 0。这种情况可以理解为政府限制成品油销售商在市场上经营，成品油仅存在潜在需求，没有现实的供给。

根据上述分析，对 p_2 的讨论可以类推得出，此处不再赘述。

通过模型分析，可以看出价格上限不但影响市场的自由竞争，而且可以限制企业的超额利润，防止成品油价格大幅度上涨给国民经济发展带来负面影响。因此，采用价格上限是可取的规制方法。

2.4　基于灰色关联分析的成品油市场均衡评价

2.2 节利用古诺模型分析在当前寡头垄断的市场环境下，本次定价机制调整的内容对成品油市场均衡的影响，得出此次定价机制调整中设置的每桶 130 美元和 40 美元的上下限比较合理的结论。但是我国当前寡头垄断的市场环境是否合理呢？为了解决上述问题，需要进一步对此次定价机制调整前后对成品油市场均衡的影响进行动态评价，观察成品油市场是否发生明显变化，而趋向于更加均衡的状态。如果定价机制调整前后我国成品油市场趋向于更加均衡的状态，与古诺模型分析结果一致，那么说明当前寡头垄断的背景是合理的；如果定价机制调整前后我国成品油市场均衡没有发生变化或更加混乱，那么与古诺模型分析结果相背离，说明我国当前寡头垄断的市场环境是不合理的。邓聚龙(1982)较早研究灰色系统理论，并在此基础上提出了灰色关联分析法。灰色关联分析法就是用灰色关联度的排列顺序来描述某系统中各因素之间的数值关系的大小，或者说是分析关联程度强弱的一种动态方法。因此，本节拟用灰色关联分析法，在寡头垄断条件下，将成品油市场看作一个灰色系统，对此次成品油定价机制调整前后对成品油市场均衡的影响进行动态分析。

2.4.1　指标体系构建

在灰色关联分析法中，通常需要确定一个参考序列来反映系统的行为特征，确定一个比较序列来代表影响系统行为的因素。参考序列和比较序列分别记为

$$X_0 = X_0(t)，\quad t = 1,2,3,\cdots,m \tag{2-14}$$

$$X_i = X_i(t)，\quad t = 1,2,3,\cdots,m，\quad i = 1,2,3,\cdots,n \tag{2-15}$$

本节结合我国成品油市场运行的具体情况，构建符合成品油市场特点的评价指标体系，该评价指标体系共分为三个层次：第一个层次为目标层次，即我国成品油市场均衡；第二个层次为准则层，分别从市场供给、市场需求、消费状况和

进出口贸易四个方面进行评价；第三个层次为指标层，是对第二个层次的具体展开，共有9个指标，并且以上9个指标均被设定为比较序列，而本节选择的参考序列X_0为97#汽油的价格。具体的评价指标体系见表2-2。

表2-2　我国成品油市场均衡评价指标体系

目标层	准则层	指标层
成品油市场均衡	市场供给	X_1-原油生产量(万 t)
		X_2-原油加工量(万 t)
		X_3-成品油生产量(万 t)
	市场需求	X_4-乘用车市场销量(万辆)
		X_5-民航客运量(万人)
	消费状况	X_6-成品油消费量(万 t)
		X_7-消费价格指数(上年同月=100)
	进出口贸易	X_8-成品油进口量(万 t)
		X_9-成品油出口量(万 t)

(1)成品油生产量是反映成品油市场供给情况最重要的指标，成品油包括汽油、柴油、煤油及其他符合我国产品质量标准的、具有同样用途的生物柴油和乙醇汽油等替代燃料，但其他替代燃料所占的比重极小，可以忽略不计，因此本节选取的成品油生产量仅包括汽油、柴油和煤油的产量。由于我国目前对成品油生产量的统计方法和统计结果存在一定的缺陷，为了完整全面地反映成品油市场的供给情况，本节除了成品油生产量之外，还选取了原油生产量和原油加工量作为反映成品油市场供给情况的指标(上述三种数据全部来自国家发展和改革委员会发布的成品油运行简况)。

(2)凡是装内燃机的交通工具基本都以燃油为动力，如摩托车、汽车、轮船、快艇、飞机等，有的火车也是以燃油为动力，因此市场上对成品油的需求很大。但是考虑到数据统计的准确性及数据的可获得性，本节只选择了在成品油需求中占较大比重的乘用车市场销量和民航客运量为代表来反映成品油市场需求的指标，数据分别来自中国汽车工业协会和中国民用航空局。

(3)在反映成品油市场消费状况的指标中除了最直观的成品油消费量之外，居民消费价格指数作为表现居民消费价格水平变动情况的重要宏观经济指标，也可以反映成品油市场消费状况。因此本节选取成品油消费量和居民消费价格指数作为反映成品油消费状况的指标，同样其他替代燃料所占的比重极小，可以忽略不计，因此成品油消费量仅指汽油、煤油和柴油的市场消费量(数据分别来自国家发展和改革委员会发布的成品油运行简况和国家统计局)。

(4)成品油进出口贸易量反映了我国进口和出口成品油的水平,本节选取的成品油进、出口量指标包括海内外炼油厂交易量及我国与外国飞机、轮船在国外与国内加油量情况(数据来自中国海关信息网)。

2.4.2　成品油市场均衡评价

1. 样本选择与数据来源

本节选取 2015 年 5 月～2016 年 4 月共 12 个月的月度数据，来描述成品油市场均衡的发展状态。样本数据主要来源于国家发展和改革委员会、国家统计局、中国海关信息网等官方网站的资料，具体数据见表 2-3。

表 2-3　2015 年 5 月～2016 年 4 月成品油市场均衡评价指标构成

时间	X_0	X_1	X_2	X_3	X_4	X_5	X_6	X_7	X_8	X_9
2015 年 5 月	7.10	1811	3968	2523	203.8	3245.9	2224	101.2	232	244
2015 年 6 月	7.00	1784	4008	2506	139.7	3492.7	2030	101.4	310	306
2015 年 7 月	6.70	1826	4040	2545	187.0	3669.9	2285	101.6	239	300
2015 年 8 月	6.33	1830	4037	2515	166.9	3579.0	2316	102.0	231	311
2015 年 9 月	6.30	1764	3870	2448	160.9	3541.5	2379	101.6	270	355
2015 年 10 月	6.34	1794	4128	2554	151.1	3404.4	2264	101.3	203	328
2015 年 11 月	6.16	1752	4003	2475	126.9	3915.0	2289	101.5	188	410
2015 年 12 月	6.04	1811	4256	2634	141.9	4165.2	2452	101.6	284	432
2016 年 1 月	5.92	1769	3866	2441	175.1	3672.3	2424	101.8	266	301
2016 年 2 月	5.92	1622	4173	2609	193.7	3855.1	2446	102.3	264	299
2016 年 3 月	5.92	1737	4022	2862	219.7	3498.0	2193	102.3	245	375
2016 年 4 月	6.06	1659	3999	2829	244.2	3525.1	2288	102.3	251	368

2. 无量纲化处理

在成品油市场均衡评价指标体系中，各指标的含义、计量单位等不相同，即各数据的量纲不同，因而无法对各指标进行比较或难以得出正确的结论。因此，在灰色关联分析法中，为了使各指标之间具有可比性，需要对已有数据进行无量纲化处理。无量纲化处理的方法有很多种，这里将采用初值化的方法使各数据具有统一的量纲，计算公式如下：

$$x_0 = \frac{X_0(t)}{X_0(1)}, \ t = 1, 2, 3, \cdots, m \tag{2-16}$$

$$x_i = \frac{X_i(t)}{X_i(1)}, \ t = 1, 2, 3, \cdots, m \tag{2-17}$$

具体的处理结果见表 2-4。

表 2-4 各序列无量纲化处理

时间	X_0	X_1	X_2	X_3	X_4	X_5	X_6	X_7	X_8	X_9
2015 年 5 月	1.0000	1.0000	1.0000	1.0000	1.0000	1.0000	1.0000	1.0000	1.0000	1.0000
2015 年 6 月	0.9859	0.9851	1.0101	0.9933	0.9392	0.9613	0.9517	1.0020	1.3362	1.2541
2015 年 7 月	0.9437	1.0083	1.0181	1.0087	0.7883	1.1055	0.9622	1.0040	1.0302	1.2295
2015 年 8 月	0.8915	1.0105	1.0174	0.9968	0.8814	1.1761	1.0307	1.0079	0.9957	1.2746
2015 年 9 月	0.8873	0.9740	0.9753	0.9703	1.0882	1.0369	1.0189	1.0040	1.1638	1.4549
2015 年 10 月	0.8930	0.9906	1.0403	1.0123	1.2036	1.0885	1.0282	1.0010	0.8750	1.3443
2015 年 11 月	0.8676	0.9674	1.0088	0.9810	1.3651	0.9877	0.9218	1.0030	0.8103	1.6803
2015 年 12 月	0.8507	1.0000	1.0726	1.0440	1.5175	0.9954	0.9617	1.0040	1.2241	1.7705
2016 年 1 月	0.8338	0.9768	0.9743	0.9675	1.3849	1.0550	0.9285	1.0059	1.1466	1.2336
2016 年 2 月	0.8338	0.8956	1.0517	1.0341	0.8555	1.1006	0.8806	1.0109	1.1379	1.2254
2016 年 3 月	0.8338	0.9593	1.0136	1.1343	1.2774	1.0994	0.9630	1.0109	1.0560	1.5369
2016 年 4 月	0.8535	0.9159	1.0077	1.1211	1.1055	1.1295	0.9781	1.0109	1.0819	1.5082

3. 计算灰色关联系数

灰色关联系数实际上就是指参考数列与比较数列几何曲线的接近程度。两个曲线的形状越相近，或者几何距离越接近，则表明二者的关联程度越大；反之，则表明两者的关联程度越小。因此，通常用曲线之间差值的大小来衡量关联度的高低。灰色关联系数 ξ_i 的计算公式为

$$\xi_i(t) = \frac{\min_i \min_t \left| X_0(t) - X_i(t) \right| + \rho \max_i \max_t \left| X_0(t) - X_i(t) \right|}{\left| X_0(t) - X_i(t) \right| + \rho \max_i \max_t \left| X_0(t) - X_i(t) \right|} \tag{2-18}$$

式中，ρ 为分辨系数，且 $0 < \rho < 1$，通常 ρ 取值为 0.5；$|X_0(t) - X_i(t)|$ 为比较序列曲线和参考序列曲线上每一点的绝对差值；$\min_i \min_j |X_0(t) - X_i(t)|$ 为比较序列曲线和参考序列曲线上每一点的绝对差值的最小值；$\max_i \max_j |X_0(t) - X_i(t)|$ 为比较序列曲线和参考序列曲线上每一点的绝对差值的最大值。根据上述公式，求得灰色关联系数见表 2-5。

为了更加方便地表现成品油价格与成品油市场各均衡评价指标的灰色关联系数，本节绘制出各序列关联系数的折线图，如图 2-1 所示。从图 2-1 中可以看出，成品油价格与成品油市场各均衡评价指标之间有较高的关联度，但关联系数仍存在较大波动，不便于比较分析，因此需要进一步计算出各序列的关联度来进行分析。

表 2-5　各序列灰色关联系数

时间	X_1	X_2	X_3	X_4	X_5	X_6	X_7	X_8	X_9
2015 年 5 月	1.0000	1.0000	1.0000	1.0000	1.0000	1.0000	1.0000	1.0000	1.0000
2015 年 6 月	0.9983	0.9500	0.9842	0.9078	0.9492	0.9308	0.9662	0.5676	0.6316
2015 年 7 月	0.8768	0.8608	0.8762	0.7474	0.7397	0.9613	0.8841	0.8417	0.6167
2015 年 8 月	0.7944	0.7851	0.8137	0.9785	0.6177	0.7677	0.7980	0.8153	0.5456
2015 年 9 月	0.8414	0.8394	0.8471	0.6960	0.7546	0.7775	0.7976	0.6245	0.4476
2015 年 10 月	0.8249	0.7574	0.7940	0.5969	0.7017	0.7728	0.8098	0.9623	0.5047
2015 年 11 月	0.8217	0.7651	0.8022	0.4804	0.7929	0.8946	0.7726	0.8892	0.3614
2015 年 12 月	0.7549	0.6745	0.7041	0.4082	0.7607	0.8056	0.7500	0.5519	0.3333
2016 年 1 月	0.7628	0.7660	0.7748	0.4549	0.6752	0.8292	0.7277	0.5952	0.5350
2016 年 2 月	0.8815	0.6785	0.6966	0.9549	0.6329	0.9076	0.7220	0.6020	0.5401
2016 年 3 月	0.7856	0.7189	0.6048	0.5090	0.6339	0.7807	0.7220	0.6742	0.3954
2016 年 4 月	0.8805	0.7489	0.6322	0.6460	0.6249	0.7868	0.7450	0.6682	0.4126

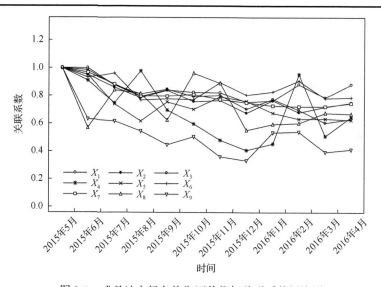

图 2-1　成品油市场各均衡评价指标关联系数折线图

4. 计算关联度并排序

　　灰色关联系数指参考数列与比较数列几何曲线的接近程度，而曲线上的点反映了指标各个时刻的值，因此关联系数不止一个，不方便进行各序列整体关联度的比较。因此，不妨求出各序列关联系数各时刻的平均值，即关联度，用以反映比较序列和参考序列之间的关联程度。灰色关联度的数值越大，成品油价格与成品油市场均衡的关联程度越高。关联度 r_i 的计算公式如下：

$$r_i = \frac{1}{m} \sum_{j=1}^{m} \xi_i(j), \ i = 1, 2, 3, \cdots, n \qquad (2\text{-}19)$$

利用式(2-19)计算得到的成品油价格与成品油市场均衡各指标的关联度分别为：r_1=0.8915，r_2=0.7954，r_3=0.7942，r_4=0.6983，r_5=0.7403，r_6=0.8512，r_7=0.8079，r_8=0.7327，r_9=0.5270。按照上述灰色关联度的数值进行排序得到：$r_1 > r_6 > r_7 > r_2 > r_3 > r_5 > r_8 > r_4 > r_9$。

2.4.3 评价结果分析

(1)通过以上分析可以看出，成品油价格与成品油市场各均衡评价指标之间的关联程度总体来说还是很高的，大多集中在 0.8 左右。其中，排在第一位的是原油生产量(X_1)，成品油消费量(X_6)和居民消费价格指数(X_7)紧随其后，可见成品油价格与成品油市场消费状况之间的关联度很高，价格的变动直接影响人们消费水平的变动。原油加工量(X_2)和成品油生产量(X_3)分别排在第四位和第五位，反映出成品油价格与成品油供给之间也存在较高的关联度，供给量的稳定是价格水平稳定的有力保障。民航客运量(X_5)、成品油进口量(X_8)、乘用车市场销量(X_4)和成品油出口量(X_9)排在最后四位，其中市场需求指标关联度要高于进出口贸易指标的关联度，表明进出口贸易量与成品油价格二者之间的影响关系最弱。

(2)通过关联系数折线图可以看出，本次成品油定价机制调整对成品油市场各均衡评价指标的影响不大，定价机制改革前后各指标的关联系数并未出现较大变动，与古诺模型分析结果相背离，说明我国目前的寡头垄断局面是不合理的，不利于行业内正常合理的竞争及资源的有效配置，更不利于成品油市场实现有效率的均衡。因此，我国需要进一步推进成品油定价机制市场化改革，打破垄断，引入市场竞争机制来实现成品油市场有效率的均衡。

(3)另外，关联系数折线图还反映出成品油价格与成品油市场各均衡评价指标之间的关联程度呈不断下降趋势，至 2016 年才开始趋于稳定，这与国际市场上原油价格的走势大致相同，可见国际市场原油价格波动给我国成品油市场带来了一定的冲击。因此，我国应该完善成品油市场避险机制，加快启动原油期货市场，加速促进原油期货上市，以期在国际市场原油价格剧烈波动时减轻或者规避对国内石油市场的冲击。

2.5 行政垄断下我国石油行业效率及社会福利损失测度

石油企业具有行政垄断的特性，石油价格的波动本身就具有影响社会福利的特性。为了更好地研究石油价格波动对社会福利的影响，首先应当研究行政垄断下石油行业社会福利损失的测算。

　　我国石油行业经过多年的改革发展，形成了中国石油、中国石化和中国海油三大寡头垄断的格局。三大油企凭借垄断地位分割占据我国北方、南方、海上的油气资源，控制着石油的勘探开采、炼化储运和批发零售等纵向一体化的产业链，强有力地把控着石油行业的各个生产环节。市场准入限制，导致民营油企很难充分参与市场竞争，缺乏外部性竞争的压力，垄断油企内部资源浪费严重，生产经营效率低下，也造成了社会福利的巨大损失。归根结底，最深层次的原因是政府机构运用行政权力赋予垄断油企垄断地位。

　　行政部门利用公共权力颁布政策文件，设置行业壁垒限制或者禁止民营资本进入，赋予油企垄断地位，属于典型的行政垄断。作为非市场竞争选择的结果，行政垄断会造成资源配置扭曲、企业经营效率低下及社会福利的损失。因此，改革现有石油行业的市场结构，破除行政垄断已是当务之急。本节主要针对行政垄断导致石油行业经营效率低下及社会福利损失的问题进行测算，实证分析破除石油行业行政垄断的必要性，并在此基础上提出相关的对策建议。

2.5.1　石油行业行政垄断历史变迁与效应机理分析

1. 石油行业行政垄断历史变迁

　　我国石油行业政府管制经历了多个阶段。在 1979 年市场经济体制改革之前，石油行业由政府统一管理，1979 年国家对石油行业进行了改革。1998 年政府对石油行业进行大规模划分重组之后，我国石油行业形成三大寡头集团分别在北方、南方、海上"划地分割自治"的局面。石油行业改革将石油市场分解为上游开采、中游炼化和下游批发零售三个环节，政府通过行政性的政策文件使垄断油企在各个环节都保持了绝对的垄断地位。

　　在上游的勘探开采环节，国家只赋予了中国石油、中国石化、中国海油等少数国有油企勘探开发的权力，民营油企无权进入该领域。1999 年国务院发布了《国务院办公厅转发国家经贸委等关于清理整顿小炼油厂和规范原油成品油流通秩序的意见》(国办发〔1999〕38 号，简称"38 号文件")，进一步强化了三大油企对原油开采的垄断控制。在中游炼化环节，"38 号文件"赋予了中国石油、中国石化清理整顿炼化企业的权力，大批民营炼化企业被两大油企通过行政手段强制兼并。2005 年发布的《炼油工业中长期发展专项规划》文件，提出深化改革、公平竞争。进一步深化炼油工业体制改革，打破地域和体系分割，推动企业间重组；实施市场准入制度和建设项目招投标制度，公平竞争，实现可持续发展。关于成品油的集中批发零售环节，"38 号文件"规定"国内各炼油厂生产的成品油(汽油、煤油、柴油，下同)要全部交由中国石油、中国石化的批发企业经营，其他企业、单位不得批发经营，各炼油厂一律不得自销"。2001 年发布的《关于进一步清理整顿和规范成品油市场秩序的意见》再次强化了审批制度，要求"各地区新建的加油站，统一由中国石油、中国石化全资或控股建设"。这实际上赋予了两大油企超强的行政特权，使其控制了成品油批发零售的终端。

从整个石油行业政府管制的历史变迁及三大油企垄断石油市场的各个环节可以看出，我国石油行业现在的寡头垄断格局并非市场竞争选择的结果，而是完全由相关部门运用行政权力所实行的自上而下的指令性变革，是典型的行政垄断。

2. 石油行业行政垄断效应及机理分析

政府通过行政管制、政策法规及行政审批许可制度控制石油行业的市场准入，限制民营资本的进入。行政性赋予的垄断特权使垄断油企与民营油企处于不公平的市场地位，限制和妨碍了石油行业内资源要素的自由流动，导致资源配置效率降低。由于缺乏有效的外部市场竞争，以及缺少来自外部竞争性的压力，垄断油企可以凭借垄断地位轻易获取垄断利润，缺乏通过技术创新来降低成本的动力，造成行业整体经营效率低下及 X-非效率。而垄断油企通过行政垄断特权获得的超额垄断利润，又掩盖了效率低下的事实，进一步导致了企业经营效率的降低。另外，X-效率理论还提出行政垄断不仅造成严重的 X-非效率损失，还会导致社会福利的巨大损失。行政垄断会扭曲资源配置，使资源配置效率不能达到帕累托最优，导致净福利损失；垄断油企为了谋求和维持垄断地位进行寻租活动，构成寻租成本的损失。企业经营的 X-非效率，实际上是经济资源的一种浪费，间接造成了社会福利的巨大损失。

行政垄断下我国石油行业效率及福利损失机理分析，可以简单地用图 2-2 的传导机制来表示。

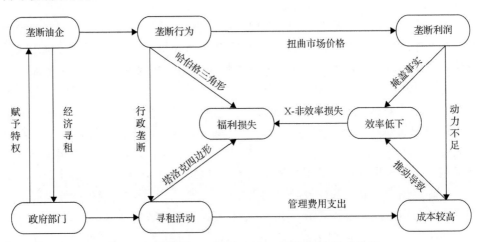

图 2-2　行政垄断下石油行业效率及福利损失机理分析

2.5.2 行政垄断下石油行业效率测度实证

效率是企业发展的核心,非完全市场竞争下的垄断会使企业内部处于低效或者无效状态。行政垄断限制和妨碍了石油行业的市场竞争,导致行业整体效率降低。对石油行业的效率进行测度,可验证行政垄断会导致经营效率降低。

1. 研究模型选择

本部分采用 DEA 对石油行业的经营效率进行实证测度。DEA 是一个线性规划模型,表示产出与投入之间的比率,适用于多投入、多产出的生产系统,因此在测量行业经营效率方面有很大的优势。本节主要采用 DEA 的 Malmquist 生产率指数来测算和评价我国石油行业在行政垄断下的经营效率,计算公式为

$$m_0\left(y_{t+1}, x_{t+1}, y_t, x_t\right) = \left[\frac{d_0^t\left(x_{t+1}, y_{t+1}\right)}{d_0^t\left(x_t, y_t\right)} \frac{d_0^{t+1}\left(x_{t+1}, y_{t+1}\right)}{d_0^{t+1}\left(x_t, y_t\right)}\right]^{\frac{1}{2}} \tag{2-20}$$

式中,d_0 为投入与输出的矩阵;x_t、x_{t+1} 为第 t 期和第 $t+1$ 期的投入向量;y_t、y_{t+1} 为第 t 期和第 $t+1$ 期的输出向量;$m_0 > 1$,表示处于成长期,该产业具有较好的发展前景;$m_0 < 1$,则表明处于衰退期,该产业出现下滑趋势。

2. 指标数据选取

选取我国石油行业内 15 家上市公司 2009~2013 年的投入产出数据,为保证数据的完整性和可对比性,所选公司都是在研究时间段内上市的公司;公司主营业务都集中在石油勘探开发、炼化销售或石油化工等领域;所选相关数据均来自母公司的财务报表,公司年报数据均来自新浪财经。

指标选取分为两类,即产出指标和投入指标。投入指标选取资本和劳动两项,资本投入具体就是主营业务成本和固定资产净值年平均余额;劳动投入即公司在职员工人数。产出指标选择主营业务收入和营业利润两项。

效率实证采用 DEAP2.1 软件进行分析测算。为排除企业亏损造成数据为负的影响,并提高分析结果的精确度,对原始数据进行统一的归一化处理。对数据进行处理后,决策单元形成的整体生产前沿面形状没有变化,所以对处理结果没有影响。归一化公式为

$$x_{i,j} = 0.1 + 0.9\frac{x_{i,j} - \min(x_j)}{\max(x_j) - \min(x_j)}, \quad i = 1, \cdots, n; j = 1, \cdots, m \tag{2-21}$$

$$Y_{i,j} = 0.1 + 0.9\frac{y_{i,j} - \min(y_j)}{\max(y_j) - \min(y_j)}, \quad i = 1, \cdots, n; j = 1, \cdots, m \tag{2-22}$$

3. 数据处理结果分析

1) 石油行业经营效率分析

全要素生产率(TFP)综合反映了一个行业生产率的增长变化, 全要素生产率大于 1, 表明该行业的生产率与前期相比是增长的。全要素生产率可以分解为技术变化和综合技术效率, 即 $TFP = EFF \times TE$。分析表 2-6 可知, 2009~2013 年, 石油行业的全要素生产率呈逐年升高的趋势, 整体年平均增长 4.8%。分析可得全要素生产率增长的原因是综合技术效率和技术变化每年都在提高, 其中最主要的是技术变化增长的推动。数据显示综合技术效率年平均增长–0.2%, 技术变化年平均增长 4.97%, 说明我国近几年石油行业全要素生产率的增长主要是由技术进步推动的, 是由技术进步所带来的增长效应。

表 2-6　石油行业 2009~2013 年 Malmquist 生产率指数及其分解

年份	全要素生产率 指数(TFP)	综合技术效率 指数(EFF)	技术变化(TE)	纯技术效率指数 变化(PE)	规模效率指数 变化(SE)
2009~2010	0.968	1.003	0.965	1.008	0.995
2010~2011	1.026	1.003	1.023	1.009	0.994
2011~2012	1.085	1.018	1.065	1.010	1.008
2012~2013	1.113	0.997	1.116	1.012	0.985
均值	1.048	1.005	1.042	1.010	0.996

综合技术效率指数(EFF)反映的是对生产要素的利用效率。当综合技术效率小于 1 时, 表明存在 1–TE 比率的资源投入浪费。综合技术效率指数可以分解为纯技术效率变化和规模效率变化, 即 $EFF = PE \times SE$。分析表 2-6 可得, 2009~2012 年, 我国石油行业整体的综合技术效率每年平均增长–0.2%, 整体来看处于下降趋势, 在 2013 年出现了小幅度的下滑, 究其原因是规模效率下降。纯技术效率一直处于增长趋势, 每年平均提高 0.13%, 而每年的规模效率变化却处于波动状态, 年均降低–0.34%, 直接表现为规模效率不高。说明我国石油行业处于规模不经济状态, 按照当前的生产投入可以获得更高的经营收益, 但是由于生产要素配置不合理, 没有获得最大的产出。具体分析, 我国石油行业的进入壁垒比较高, 大多是国有企业和国有控股企业, 一般都是国家投资, 由企业生产经营。在此过程中产生信息不对称, 政府被企业的信息所误导, 从而导致政府盲目投资, 生产要素投入不合理, 要素使用效率降低。

2) 上市公司 Malmquist 指数下的 DEA 均值分析

在表 2-7 所示的 15 家石油行业上市公司中, 分析其组织形式及股权机构, 其中有一半多的企业都是国有企业或者国有相对控股企业, 民营企业占比较小。一方面，说明国有企业具有很强的垄断地位，竞争力比较大，国有企业的强大压缩了民营企业的生存空间。另一方面，也反映了政府对石油行业的管控程度很高，设置了行业壁垒及很高的市场准入门槛，使民营资本很难进入市场与享有政策优惠的国有企业进行竞争。

表 2-7　石油行业 2009～2013 年具体生产指数分析

公司	全要素生产率(TFP)变化	综合技术效率指数(EFF)	技术变化值(TE)	纯技术效率变化(PE)	规模效率变化(SE)
北方华锦化学工业股份有限公司	1.039	1.036	1.003	1.003	1.032
中国石化上海石油化工股份有限公司	1.095	1.001	1.095	1.001	1.000
岳阳兴长石化股份有限公司	1.070	1.000	1.070	1.000	1.000
中国石油	1.001	0.975	1.027	1.000	0.975
中国石化	1.017	0.997	1.021	1.000	0.997
东华能源石化股份有限公司	0.993	0.990	1.003	0.995	0.994
中海油田服务股份有限公司	1.010	1.000	1.010	1.000	1.000
海洋石油工程股份有限公司	1.061	1.020	1.040	1.020	1.000
天利高新技术股份有限公司	0.981	0.992	0.988	1.005	0.987
新疆淮东石油技术股份有限公司	1.000	1.026	0.975	1.046	0.981
中国石化泰山石油股份有限公司	1.049	0.987	1.063	0.992	0.995
海越能源集团服务有限公司	1.229	1.027	1.197	1.012	1.015
茂化实华股份公司	0.887	1.000	0.887	1.000	1.000
深圳市广聚能源股份有限公司	1.399	1.000	1.399	1.000	1.000
大庆华科(集团)股份有限公司	0.991	1.007	0.984	1.022	0.986
均值	1.055	1.004	1.051	1.006	0.997

具体分析中国石油、中国石化在全要素生产率、综合技术效率、技术变化等方面都达到了 DEA 有效，说明两大油企在技术进步提高生产率方面较其他公司有比较大的优势，技术进步推动了两大油企生产效率的提高。这是因为两大集团处于行业的垄断地位，资金实力雄厚，有能力进行科研创新并将其转化为生产力。但是两大集团综合技术效率和规模效率都没有达到 DEA 有效，与行业整体相比规模效率较低，中国石油甚至比行业的平均水平还要低。按照石油行业现在的管理体制和行政垄断来看，两大油企在生产经营中本应存在规模效应，但实证结果显示两大油企的规模效率反而很差，说明行政垄断不但没有提高两大油企的规模效率，反而使其内部存在着严重的资源浪费，扭曲了资源配置，降低了生产经营的效率。所以要提高石油行业的经营效率，就必须对现有石油行业的管理体制进行改革，降低市场进入门槛，引入充分的市场竞争，关键是破除行业的行政垄断。

2.5.3　行政垄断下石油行业社会福利损失测算

石油行业内的行政垄断不仅导致生产经营的效率低，而且会造成社会福利的损失。莱伯斯坦恩(Leibenstein)提出行政垄断会导致企业内部管理无效，产生 X-非效率损失，这是垄断的成本扭曲，将引起潜在福利的巨大损失。行政垄断还会导致两类社会福利的损失：一类是社会净福利损失，通常称为哈伯格三角形；另一类是行政垄断寻租成本损失，又称为塔洛克四边形。所以本节的社会福利损失即是基于以上三种垄断福利损失所测算的。

1. 哈伯格三角形净福利损失

垄断会导致资源配置扭曲，使产量和价格脱离完全竞争时的均衡状态。由图 2-3 可知，垄断厂商脱离均衡点 E，选择在 A 点生产获得更多的利润，P_a 为价格，c_e 为成本，DD 为需求。由此造成的净福利损失(deadweight loss)就是三角形 ABE，又称为哈伯格三角形。

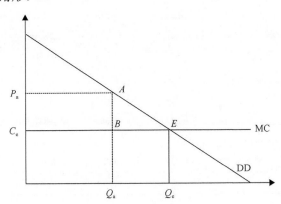

图 2-3　垄断厂商需求价格

Q_a、Q_e 为 A、E 点对应的产量

净福利损失具体公式：

$$\text{DWL} = \int_{Q_a}^{Q_e} D(x)\mathrm{d}x - (Q_e - Q_a)c_e \tag{2-23}$$

公式可简化为

$$\text{DWL} = \frac{1}{2}\varepsilon r^2 \text{PQ} \tag{2-24}$$

式(2-23)和式(2-24)中，DWL 为垄断的净福利损失；ε 为需求价格弹性；r 为经济利润率；PQ 为石油行业的销售收入。在该模型中哈伯格假定需求价格弹性处处

都等于 1，缺乏实际经济意义。参考张辽等(2013)运用动态面板(dynamic panel)数据模型实证测算的结果，我国石油资源的需求价格弹性在 0.73~1.54 波动，因此本节计算时采用均值 $\varepsilon=1.135$。哈伯格还假定正常的竞争利润率可用实际经营的利润率来表示，但是后者已将垄断利润包含在内，所以为剔除垄断利润的影响，本节采用全部工业的平均总资产贡献率代替正常的竞争利润率，用会计利润率减去平均总资产贡献率得到经济利润率，避免了经济利润偏低及低估社会福利损失。

通过计算得出 2009~2012 年垄断导致的社会福利损失分别是 22.89 亿元、57.56 亿元、126.63 亿元、125.85 亿元。所以，我国石油行业垄断所造成的社会福利损失是巨大的，行政垄断导致了上游产量的减少和下游价格的提高，侵占了消费者的利益。

2. 塔洛克四边形寻租成本

垄断油企为了谋求和维持垄断地位，进行其他非生产性质的寻租活动，浪费资源产生寻租成本。只要寻租成本不超过由消费者剩余向垄断油企转移的垄断利润(图 2-3 中 ABC_eP_a 图形表示)，寻租活动就会进行下去。Tullock(1967)认为垄断利润最终将会被非生产性的活动全部耗散，从而成为社会净福利损失，所以这个表示垄断社会成本的四边形又叫作塔洛克四边形。对塔洛克四边形寻租成本的估算需要知道垄断价格及完全竞争的价格，数据的获取存在一定的难度，很难进行定量测量。所以本节通过将垄断油企与"三资"油企进行替换对比，估算垄断油企的寻租成本。

寻租活动产生的成本主要并入管理费用支出，具体到石油行业就是国有油企的管理费用要远远高于非国有油企，高出的管理费用大多作为租金向政府部门寻租。因为企业的管理费用一般与企业的资产规模成正比，所以为测算企业的寻租成本提供了一种方法。这里以"三资"油企的管理费用作为标准，将"三资"油企的总资产和国有油企的总资产进行互换，来计算国有油企由寻租活动所造成的管理费用的损失。本节计算了 2009~2012 年 4 年间石油行业寻租成本，具体结果见表 2-8。

表 2-8　国有石油企业寻租成本　　(单位：亿元)

年份	石油上游行业			石油下游行业		
	实际费用	潜在费用	潜在福利损失费用	实际费用	潜在费用	潜在福利损失费用
2009	640	215	425	434	243	191
2010	660	265	395	562	288	274
2011	757	718	39	611	338	273
2012	757	680	77	611	354	257
合计	2814	1878	936	2218	1223	995

资料来源：2010~2013 年《中国统计年鉴》和《中国工业统计年鉴》整理得出。

由表 2-8 可知，2009～2012 年石油上游行业因寻租活动导致增加的管理费用成本高达 936 亿元，下游行业高达 995 亿元。这些租金损耗没有创造社会价值，是资源的浪费，并且寻租行为使民营油企处于不公平的市场地位，加强了国有油企的行政垄断。

3. X-非效率损失

行政垄断所导致的福利损失是多方面的，Leibenstein (1966) 认为，行政垄断造成的 X-非效率损失所引起的潜在福利损失要远远大于哈伯格三角形表示的净福利损失。下面利用资产利润率的概念测算 X-非效率导致的福利损失。

资产利润率反映了利润与资产之间的比率。国有油企的资产规模要远远大于民营油企和外资油企，但是资产利润率却没有后者高，这表明国有油企内部有大批资源处于闲置和低效率状态，存在资源浪费和利润损失。运用资产利润率的概念，互换国有企业和私营企业的角色，计算出国有油企 X-非效率所造成的利润损失。假设石油行业国有企业利润总额和私营企业的实际利润为 I，计算公式如下：

$$I = RS + XF \tag{2-25}$$

式中，R 为国有油企的总资产利润率；X 为私有油企的总资产利润率；S 为国有油企的资产总额；F 为私有油企的资产总额。保持国有油企和私营油企总资产利润率不变，互换两类企业的资产总额，得出潜在利润为 P，计算公式为

$$P = RF + XS \tag{2-26}$$

X-非效率损失的利润额等于潜在利润减去实际利润。结果显示，我国国有石油企业的 X-非效率所造成的利润损失是巨大的，具体数据见表 2-9。

表 2-9　国有石油企业 X-非效率福利损失　　　　　　（单位：亿元）

年份	石油上游行业			石油下游行业		
	实际利润	潜在利润	潜损利润	实际利润	潜在利润	潜损利润
2009	2036	6457	4421	780	840	60
2010	3267	9876	6609	948	1042	94
2011	4287	9785	5498	−41	351	392
2012	3963	6169	2206	−124	74	198
合计	13553	32287	18734	1563	2307	744

资料来源：2010～2013 年《中国统计年鉴》和《中国工业统计年鉴》整理得出。

从表 2-9 可以看出国有油企由 X-非效率导致的福利损失，在上游合计高达 18734 亿元，下游合计 744 亿元。因为上游勘探领域严格的市场准入制度，缺乏

市场竞争，资源浪费和低效率严重，利润损失更大。相对于上游来说，中下游的炼化和批发零售环节，进入门槛低、行业壁垒小，所以在市场竞争环境下的下游环节利润损失较小。

4. 社会总福利损失

通过对净福利损失、寻租成本及 X-非效率福利损失的测算可知，石油行业的行政垄断给社会总福利带来了巨大的损失，具体数据见表 2-10。

表 2-10　石油行业行政垄断的社会总福利损失

年份	净福利损失/亿元	X-非效率福利损失/亿元	寻租成本损失/亿元	合计/亿元	占当年 GDP 比重/%
2009	23	4481	616	5119	1.50
2010	58	6703	669	7431	1.85
2011	127	5890	312	6329	1.33
2012	126	2404	334	2864	0.55
均值	84	4870	482.75	5436	1.31

从表 2-10 可以看出，石油行业的行政垄断造成了社会福利的巨大损失，社会总福利损失年平均额高达 5436 亿元，占年平均 GDP 的 1.31%，对我国经济社会造成了极大的伤害。石油行业的行政垄断已经严重阻碍了行业的发展，影响甚至威胁到了国民经济的均衡发展，所以破除石油行业的行政垄断已迫在眉睫。

5. 结论

我国石油行业带有明显的行政垄断色彩，行业中存在的政策法规、行业壁垒和进入门槛，限制了民营资本的进入，使中国石油、中国石化、中国海油等国有油企实际上获得了垄断的市场地位。垄断油企缺少外部竞争性的压力，缺乏降低生产成本的动力，最终导致石油行业生产经营效率低下，社会福利受到严重的损失。通过对行业经营效率的测度来看，我国石油行业每年的全要素生产率、技术进步等变化趋势大致相同，总体来说呈现上升的趋势。相比之下规模效率一直较低，没有达到生产有效，说明现有的生产要素投入未能完全转化为产出，生产还可以进一步优化。具体表现就是我国国有油企规模庞大，企业员工冗余，内部资源浪费严重，存在 X-非效率，表明行政垄断确实导致我国石油行业经营效率低下。通过对社会福利损失的测算可知，行政垄断造成资源配置扭曲导致净福利损失，寻租性管理支出导致管理费用过高，企业内部 X-非效率导致潜在福利损失，最终造成严重的社会总福利损失。因此，行政垄断会造成我国石油行业效率低及福利的巨大损失，破除行业行政垄断已迫在眉睫。

2.6　国内外原油市场融合性研究

中国目前仍处于经济快速发展阶段，对能源的过分依赖导致原油进口依存度居高不下的局面在短期内很难得到有效改善。单纯依靠减少石油进口以期降低进口依存度，对保障我国能源安全无疑是饮鸩止渴。为加速我国能源安全体系建设，政府正积极寻求对策：进口原油多元化，多元化石油供给；鼓励国内石油企业"走出去"，充分利用两种资源、两个市场；与世界原油价格接轨，积极争夺国际原油定价权。这种与世界的积极互动在某种程度上加速了我国原油市场与世界原油市场的融合。

如果中国是世界石油市场的组成部分，政府对石油供给和需求做出的调整也将对世界原油市场产生重大影响。并且随着这种融合程度的升高，产生的影响力将越来越大；伴随着一体化程度的升高，中国对世界原油市场的波动也将更加敏感。

因此，本节的研究具有双重目的：一是定性考察中国原油市场和世界石油市场的融合性；二是运用 E-H 检验和向量自回归模型从市场边界和价格互动的角度研究这种一体化的强度，为建立有效的价格避险机制，增强我国在国际石油价格上的话语权提供理论支持。

2.6.1　产出流动分析

1. 模型选择

Elzinga 和 Hogarty(1984)提出了基于产出流动的区域市场划分模型，以输入消耗最小化(LIFO)和输出供给最小化(LOFI)对区域市场边界进行界定，使对区域市场划分不仅符合经济意义，而且保证了数据的可操作性。

LIFO 从需求的角度定义了市场界限：如果目标市场对进口产品的消耗所占比例较小，则意味着目标市场的市场边界相对清晰。LOFI 从供给的角度定义了市场界限：如果目标市场的所有商业收入中，外部市场用户的贡献度较小，则意味着目标市场的市场边界相对清晰。具体计算公式为

$$\text{LOFI}=(产量-出口量)/产量 \tag{2-27}$$

$$\text{LIFO}=(产量-出口量)/(产量-出口量+进口量) \tag{2-28}$$

Elzinga 和 Hogarty 对市场边界以"强"和"弱"两种程度进行归类：当阈值水平大于 0.90 时表明市场边界清晰，目标市场具有较强的区域性；当阈值水平低于 0.75 时市场边界较为模糊，目标市场与区域外市场的融合更为显著。

2. 数据处理

根据 LIFO 和 LOFI 准则，当原油进口量在国内原油消费总量中的比重和原油出口量在国内原油总产量中的比重都比较小时，可以认定中国原油市场更具区域性，即当 LIFO 和 LOFI 都超过阈值水平 0.90 时，中国原油市场在世界原油市场上比较独立。数据均是由 Eviews 6.0 软件计算得到，具体结果见表 2-11。

表 2-11　E-H 检验结果

	年份									
	1991	1992	1993	1994	1995	1996	1997	1998	1999	2000
LIFO	0.95	0.91	0.89	0.91	0.88	0.86	0.80	0.84	0.81	0.68
LOFI	0.84	0.85	0.87	0.87	0.87	0.87	0.88	0.90	0.95	0.94

	年份									
	2001	2002	2003	2004	2005	2006	2007	2008	2009	2010
LIFO	0.72	0.70	0.64	0.58	0.58	0.55	0.53	0.51	0.47	0.45
LOFI	0.95	0.96	0.95	0.97	0.96	0.97	0.98	0.98	0.97	0.98

资料来源：《国际石油经济》历年数据汇总。

3. 结果分析

可以看到 1999 年之前我国原油市场相对独立，与世界原油市场互动较少，表现为 LIFO 和 LOFI 都接近 0.90 的阈值水平，此时国家原油进口和出口比重都很小，国内原油市场大致呈现出"自给自足"的封闭性，这与当时的国家政策密切相关。1999 年之前我国的原油市场尚未开放，原油市场实施"一统、一主、二辅"体制，受美国"能源独立"战略影响，国家对陆上原油流向进行严格限制，并在 1994 年和 1999 年颁布进口禁令，试图摆脱对国外石油的依赖，使中国原油市场游离于国际原油市场之外。

从 1999 年开始，LIFO 的数值整体上呈现出逐年递减的趋势，说明我国对进口原油的消耗逐渐增强。随着国内经济的快速发展，对能源的需求日益增加，国内原油产量远远不能满足国内需求，国家开始加大原油进口以满足工业经济发展需要。LOFI 的数值则一直维持在 0.90 以上，说明我国原油出口量所占份额很小，这主要是国内自身原油产能不足，加之从 2004 年开始，对原油进出口实行"严出宽进"政策，原油出口限制政策陆续出台，导致原油出口量逐年骤减。

根据 E-H 检验，1999 年之后，随着我国原油市场逐步开放，石油进口逐年递增，中国原油市场的区域性特征消失，逐步与世界原油市场融合。

2.6.2 价格关联分析

1. 数据及样本选取

为充分考察中国原油价格与国际原油价格之间的互动关系，本节选取了多个地区的原油价格进行研究(表 2-12)。1998 年之前我国原油价格采用政府定价的形式，数据并不具有研究意义。因此本节选取了 1999 年 1 月～2011 年 7 月共 151 组月度数据作为样本。数据均是由 Eviews 6.0 软件计算得到。

表 2-12　样本选取依据和来源

名称(原油价格)	选取依据	来源
大庆(DQ)	原油产量占同期陆上原油总产量 40%以上，具有代表性	美国能源信息署: http://www.eia.gov
布伦特(Brent)	国际 80%的原油交易是以布伦特原油价为基准	
西得克萨斯轻质原油(WTI)	美国是世界上最大的石油进口国和消费国，鉴于其全球的军事及经济能力，WTI 已经成为全球原油定价的基准	
塔皮斯(TPS)	国内轻质原油价格与其价格接轨	《国际石油经济》各期经济数据
米纳斯(MNS)	国内中质油 I 价格与其价格接轨	
辛塔(XT)	国内中质油 II 价格与其价格接轨	
迪拜(DB)	国内接近一半的石油进口来自中东地区	

2. 数据处理

1) 平稳性检验

平稳性检验主要是考察所研究时间序列的相关性质是否随着时间的改变而变化。在检验变量具有长期协整关系之前，通常需要对变量序列进行平稳性检验。本节选择增广迪基-富勒(ADF)单位根检验和 PP 检验来确认序列的平稳性。检验结果见表 2-13。

表 2-13　变量 ADF 检验和 PP 检验结果

变量	ADF 检验			PP 检验		
	水平变量	一阶差分	是否平稳	水平变量	一阶差分	是否平稳
DQ	−1.412161	−7.671745*	否	−1.215353	−7.718280*	是
BLT	−1.346835	−8.084380*	否	−1.183352	−8.115704*	是
WTI	−1.810014	−7.908353*	否	−1.656938	−7.947206*	是
TPS	−1.536609	−7.476867*	否	−1.226006	−7.519849*	是
MNS	−1.316555	−7.997416*	否	−1.148460	−7.946597*	是
XT	−1.275024	−7.806940*	否	−1.107630	−7.935703*	是
DB	−1.546790	−7.153695*	否	−1.207313	−7.261151*	是

*为通过 1%的显著性水平检验。

2) 协整检验

如果中国是世界原油市场的一部分，那么大庆原油价格与世界原油价格应具有长期协整性。由于本节研究的是关于多组两变量间的协整关系，采用 E-G 两步检验法进行变量间的协整检验。具体结果见表 2-14。

表 2-14　大庆原油价格与世界原油价格协整检验结果

变量回归		常数项	解释变量系数	残差单位根 T 检验值	临界值	是否协整
DQ	BLT	0.071916	1.014267	−7.455056**	−2.880853	是
	WTI	3.808580	0.954749	−2.307273*	−1.942967	是
	TPS	−0.147326	1.078234	−5.140827**	−2.880722	是
	MNS	−1.076493	1.054720	−4.503812**	−2.880722	是
	XT	−0.217331	0.989201	−4.715224**	−2.880722	是
	DB	−1.032261	0.984431	−4.694784**	−2.880722	是

*为通过 5%的显著性水平检验；**为通过 1%的显著性水平检验。

3) Granger 因果检验

E-G 协整检验表明国内原油价格与国际原油价格之间存在长期动态平衡关系，但无法证明变量之间的因果关系。Granger 因果检验可以反映变量间的相互关系。根据施瓦茨(SC)、赤池(AIC)最小化准则选定滞后阶数，运用 Granger 因果检验对大庆原油价格和国际原油价格之间的因果关系进行研究。结果见表 2-15。

表 2-15　大庆原油价格与国际原油价格的 Granger 因果检验结果

原假设	滞后期	F-统计量	显著性概率	结论
DQ 不是 BLT 的 Granger 原因	4	2.68033	0.0493	拒绝
BLT 不是 DQ 的 Granger 原因		3.91752	0.0101	拒绝
DQ 不是 WTI 的 Granger 原因	1	2.16971	0.1429	接受
WTI 不是 DQ 的 Granger 原因		5.06780	0.0259	拒绝
DQ 不是 TPS 的 Granger 原因	4	1.95801	0.1043	接受
TPS 不是 DQ 的 Granger 原因		2.50248	0.0452	拒绝
DQ 不是 MNS 的 Granger 原因		6.73780	0.0003	拒绝
MNS 不是 DQ 的 Granger 原因		3.03377	0.0313	拒绝
DQ 不是 XT 的 Granger 原因	3	4.50423	0.0019	拒绝
XT 不是 DQ 的 Granger 原因		7.98720	0.0001	拒绝
DQ 不是 DB 的 Granger 原因		0.71108	0.5469	接受
DB 不是 DQ 的 Granger 原因		4.48507	0.0049	拒绝

通过协整检验和 Granger 因果分析对国内原油价格和国际原油价格的长期均

衡关系进行检验后发现，国内原油价格与国际原油价格之间确实存在某种程度的相互影响。中国原油进口和消费量巨大，在国际原油市场的采购和贸易活动中对国际原油价格影响举足轻重，因此大庆原油价格是布伦特、米纳斯和辛塔原油价格的 Granger 原因。值得注意的是，大庆原油价格与布伦特原油价格的显著性概率接近 0.5，说明这种影响的效果很低，仅仅是由我国原油巨大的采购量引起的。大庆原油价格对迪拜原油价格并不构成 Granger 原因，当中东地区原油上涨时，只能被动地接受。我国从中东地区进口的石油量占我国原油总进口量的 50%左右，缺乏议价能力加剧了我国原油进口的成本和外汇的流失。

与此同时，国际原油价格不是大庆原油价格 Granger 原因的假设都被拒绝，更加证明了我国在国际原油市场上缺乏话语权。我国石油进口量占世界原油贸易总量的 6%左右，但在影响石油定价上的权重不到 1%，甚至不及韩国和日本。因此，争夺原油定价权，加强与世界原油市场的互动是促进我国在国际原油市场由被动转向主动的关键。

4) 脉冲响应函数分析

为考察大庆原油价格与国际原油价格相互作用影响的程度，下面利用广义脉冲响应函数对国内原油价格和国际原油价格进行动态模拟，分析原油价格之间的相互作用机制，说明两者之间的动态影响。广义脉冲响应函数是用来衡量当时间序列受到来自随机扰动项的一个标准差冲击时内生变量当前和未来取值变化情况的函数，它反映了原油市场上新的信息对时间序列的动态影响。

通过脉冲响应分析可以发现当大庆原油价格发生波动时，国际原油价格当期变化很小，大约在第三期达到最大值(约为 1)，而且在第四期时这种影响消失；当国际原油价格发生波动时，大庆原油价格当期就表现出强烈的波动(约为 6)，这种影响持续时间较长，在第 7 期时，影响才逐渐消失。这与前面的分析结果保持一致，说明国际原油价格的波动对中国原油价格的影响迅速而长远，中国原油价格变动对国际原油价格的影响相对迟缓和短暂。

值得注意的是，尽管美国并不是我国原油进口国，但 WTI 价格仍造成我国大庆原油价格剧烈波动。美国是世界上最大的石油进口国和消费国，凭借雄厚的经济和军事实力，目前 WTI 已经成为全球原油定价的基准，这对我国争夺国际原油定价权具有重要的借鉴意义。中国和美国同为石油进口和消费大国，全球经济危机更凸显出我国在全球经济中的地位。现阶段，WTI 的期货成交量和持仓量不断萎缩，在原油定价中的权重越来越低；中东局势的变动增加了中国与其他产油国原油谈判的话语权，这都为我国争夺原油定价权，打破美国等发达国家对原油价格的垄断创造了巨大机遇。因此需要加强与世界各国的合作，参考美国等发达国家的做法，抓住机遇，加快建立我国自己的原油价格体系，增强我国原油定价的议价能力。

本节通过从国家原油进口多元化、石油企业国际化、原油价格国际接轨等不同角度对我国原油市场与世界原油市场的融合进行了研究。我国在国际原油市场上日渐活跃，与 40 多个国家和地区建立了原油供求网络；我国石油企业的足迹已经遍布 30 多个国家和地区，并与英国石油公司、荷兰皇家壳牌集团等国际石油公司建立了长期战略伙伴关系；在政府指导定价下实现了与国际原油市场的接轨，这都表明我国正逐渐融入国际原油市场。

运用 E-H 的产出流动检验，可以看出从 1999 年之后我国原油市场的地理边界逐渐模糊，市场特性不再具有区域性，因此拒绝了中国原油市场具有独立性这一假设。通过价格关联分析，得出中国原油价格与世界原油价格具有长期协整性，Granger 因果检验证实中国原油价格与布伦特、米纳斯等地的原油价格存在双向关联，但这种关联性不够显著。脉冲响应分析更加印证了 Granger 因果检验的结论，即我国对国际原油价格的影响短暂而轻微，但长期受制于国际原油价格的剧烈影响，这都充分说明中国与世界原油市场的一体化程度仍然较弱，并没有完全融入世界原油市场之中。这种不完全融合直接导致我国在国际原油市场上缺乏话语权，在原油进口中缺乏主动权，对我国能源安全和经济安全构成了严重威胁。

2.7　相 关 对 策

本章利用古诺模型对现行定价机制调整对成品油市场平衡的影响进行分析，并用灰色关联分析法对其进行动态评价，得到如下结论。

在寡头垄断条件下，本次成品油定价机制调整前后，成品油市场各均衡评价指标的关联系数并未出现较大变动而是趋向于更加均衡的状态，与古诺模型分析结果相背离，可见我国目前的寡头垄断局面是不合理的，不利于行业内正常合理的竞争和资源的有效配置，更不利于成品油市场实现有效率的均衡。因此，要打破垄断，引入成品油市场竞争机制，来实现成品油市场有效率的均衡。

成品油价格与成品油市场各均衡评价指标之间关联程度的变化趋势，与国际市场原油价格的走势大致相同，可见国际市场原油价格的波动，会对我国成品油市场造成一定的冲击。

我国当前成品油定价机制仍由政府主导，成品油市场垄断现象突出，因此基于上述研究结果，提出如下建议。

1. 推进所有制改革，调整市场结构

政府应主导垄断油企的混合所有制改革，调整石油行业的市场结构，引入民间或外资资本，逐步破除行业的行政垄断。由于石油行业各个环节的垄断程度不同，应当采取相对应的改革措施。石油勘探开采环节行政垄断程度最高，而且对资金、技术实力要求较高，所以改革也最困难。逐步放开上游的市场准入限制，

吸引国外油企资金参与，不但能够分散投资风险，还能利用国外油企先进的技术提高原油开采效率。中游炼化环节政府对原油炼化市场的清理整顿能够促进行业的健康发展。垄断油企应当积极推进炼化环节的混合所有制改革，使具有技术和管理优势的民营油企参与进来，逐渐淘汰技术落后的国有石油炼化企业。成品油的批发零售环节市场程度较高，垄断程度较低，所以推进石油行业的改革应当从下游开始。应当放开成品油市场管制，吸引民营资本参与垄断油企下游板块的改革。对于成品油的销售，应给予民营油企更大的自主权。

国有油企在管理经营上存在的一个很大问题，就是政企不分、政资不分及官商不分。垄断油企肩负着部分行政职能，对同行业的民营油企具有部分管理的权力。所以要想打破石油行业内的行政垄断，必须转变政府职能，实行完全的政企分开、政资分离。政府的职责是维持市场经济秩序，促进市场竞争，并对市场行为进行监管。政府作为出资人应减少对企业的不当干预，而且必须取消垄断石油集团的各种行政特权，收回三大油企的行政职能，完善企业结构，打破行政垄断和市场分割。

2. 建立合理的市场竞争机制

针对我国石油行业的寡头垄断局面，我国的当务之急是打破垄断格局，政企分开，逐步收回"三桶油"等大型国企拥有的垄断资源和市场特权，取消民营企业的诸多限制，打破行政垄断和市场分割，引入成品油市场竞争机制，逐步实现成品油市场有效率的均衡。我国石油行业生产经营效率较低，其中很重要的原因就是缺少来自外部竞争的压力，垄断油企缺乏降低成本和提高经营效率的动力，最根本的原因是行政性的政策法规赋予了垄断油企行政垄断地位，行业门槛限制了民营资本的进入，民营油企很难公平地参与市场竞争。所以要打破行业行政垄断，就必须先消除市场进入壁垒，降低民营资本进入门槛，逐步放开进口原油和成品油市场，在石油行业的上、中、下游都形成竞争性的市场结构，促进石油行业内的竞争，提高行业经营效率。首先，国家应该以法规制度和政策导向作为前提，对成品油定价过程进行严格监督，使其符合市场供求关系；其次，政府应该摆脱主导定价的惯性思维，利用市场这一杠杆工具，促进成品油价格市场的规范；再次，放开成品油市场准入限制，在依靠国有企业正常供给的同时，逐渐建立并扩大民营企业的规模，使二者公平竞争，在竞争中形成价格；最后，注重市场多主体的组织培养工作，重点扶持有发展前景的民营企业，给予非国有企业一定的定价权和决策权，给市场多元化注入活力。

3. 加快推进石油期货上市

针对国际市场原油价格波动给我国成品油市场造成的冲击，我国应加快推进石油期货上市，以期规避和转嫁石油风险。石油期货市场的建立有利于国内成品油的科学定价，为现货市场定价提供客观依据，有效规避和转嫁国际石油市场油价波动带来的风险，为石油安全提供强有力的保障。因此，石油期货是国内石油价格逐步转化为亚洲石油市场价格不可或缺的重要组成部分。中国证券监督管理委员会在 2014 年底已经批准上海的国际能源交易中心开展原油期货交易，我国可以借助该期货交易平台，展开公开竞价，形成由供需决定价格的市场化交易模式，因此，加快推进石油期货上市势在必行。

4. 深化改革以实现成品油完全市场化定价

对于成品油定价机制，政府应该进一步转变管理方式，加快制定一部系统调整国内石油天然气勘探、开采、运输、储备、炼化、销售及相关设施保护的法规条例，采取法律监督和经济政策等手段来对成品油价格进行管理。政府要淡化成品油定价机制中的行政色彩，由行政手段调节转变为税收调节，建立科学灵活的税费调节机制，在价格过低时多收税、价格过高时少收税，通过税收调节间接把成品油价格控制在一个合理的区间内，保障成品油市场平稳运行。尤其在国际油价低迷的形势下，我国应强化市场竞争机制，逐步实现成品油的市场化定价。在短期内，可以选择成品油市场竞争激烈、市场化程度较高的一些城市作为试点区域，尝试改革，在积累一定的成功经验之后，选取恰当时机在全国范围内实现成品油的完全市场化定价。

5. 确定合理的规制价格

对于成品油定价，政府应进一步转变管理方式，以法律和经济手段为主实施宏观调控，更大限度地发挥市场配置资源的基础性作用，建立市场调节价格的机制。由于成品油销售企业均具有市场垄断力量，这就要求政策制定者确定一个已基本剔除企业利用市场垄断力量谋取利润的因素的最高限价。成品油销售商在规定的最高限价下，要取得较多的利润，只有通过技术革新、加强内部管理等途径来实现。

6. 建立科学合理的税费调节机制

为了建立和完善成品油市场机制，并为最终实现价格市场化打好基础，需要对现行税制进行改革，从利用行政手段调节转向税收调节。因此建立和完善相应的石油税费调节机制是实现政府角色转变的前提。增值税要尽快由生产型转为消费型；消费税要由价内税改为价外税，并增加税率的灵活性。

7. 强制企业进行信息披露

在成品油销售中，企业掌握着有关产品的成本、收益信息，是信息的垄断者，而消费者和规制当局却对有关信息知之甚少。由于这种信息不对称的存在，企业可以基于信息优势进行投机，达成联合利润最大化的合谋。在这种情况下，规制当局可以依据法律规定，强制销售商向社会披露相关信息，使企业的定产、定价行为处于消费者和当局的监督之下。这样，公众社会舆论压力和规制当局的惩罚威慑会使企图合谋的企业面临巨大的成本，从而可以有效限制合谋的产生。

8. 确定一个适当的价格规制调整周期

长期来看，一方面，随着炼化产业的生产效率不断提高，相对成本水平在下降，这就要求政府对规制价格进行周期性调整。另一方面，在国际油价变化相应地调整成品油价格时，要进行全盘考虑，确定一个适当的价格调整周期，政府不能随便涨价，避免影响工业体系乃至整个经济体系的稳定。

9. 完善行业法规及监管机制

要加快完善我国的法律制度，严禁部门立法。有很多行政性的文件从宪法层面上讲都不具有正当的法律效应，却一直被强制实施，如石油行业内最具代表性的"38 号文件"。要废除这些赋予垄断油企特权的行政性文件，使民营油企能够平等参与市场竞争。此外，政府应完善对石油行业的监管机制，对企业运用行政垄断来谋利的行为进行严格的审查监管，最重要的是要将管理部门和监管部门分开，防止管理者与监管者共谋。

第3章 国际油价波动对国内物价水平非对称传导机制和传导途径分析

2007年1月根据《中国入世协定书》，我国全面开放了原油的批发经营权，国际原油价格的剧烈波动给我国经济带来了新的不确定性因素。尽管之前针对国际原油价格波动对中国宏观经济的影响，国内学者已进行了广泛研究，但如前所述，2007年前后国际和国内原油市场发生了巨大变化，之前的实证结果已不能准确地反映这种作用机制，因此有必要对该问题进行重新考察。

3.1 国际油价波动对国内物价水平传导机制分析

石油作为我国经济增长的基础能源之一，所涉及的产业部门和产品价格复杂。油价变动对国内物价水平的影响主要是通过进口输入渠道传导。随着市场化的发展，我国国内原油和成品油定价机制与国际市场上的油价变动逐渐趋于一致，定价机制改革增强了国内石油价格的敏感性和公允性。国际油价变动沿着产业链和价格链依次渗透到农业、工业和服务业部门，直至传递到物价水平。然而，传递过程又是非对称的，即油价上涨和下跌对物价水平的传导效应不同，且油价波动幅度并不完全与物价水平调整幅度一致，与此同时，不同类型的物价水平，传导速率也表现出差异性。

本节从产业传递的角度分析传导机制。由国际油价波动向国内物价水平的传递主要包括三个过程，即进口输入传导、成本推动传导及需求拉动传导。

1. 进口输入传导

石油进口量和进口成本与原油的国际市场价格震荡有着直接联系。而国内需求在短期内保持相对稳定，这使国际油价变动对国内油价的短期冲击是直接的。以石油价格上涨为例，石油价格上涨引起财富由石油进口国向石油出口国转移，尤其是当进口国石油价格弹性较低时，甚至会加剧进口国贸易平衡恶化。国际原油成本和进口量直接关系到国内工业企业的生产成本。这与本国对国际原油市场的依赖程度和国内油品定价机制相关。一般情形下，一国的石油消费对国际市场依赖性越大，国内原油、成品油定价机制市场化程度越高，价格形成机制越灵活，则该阶段的传导作用越强；反之，则传导作用越弱。

2. 成本推动传导

石油作为工业生产的重要能源和工业原料，处于产业上游环节。对典型的发展中国家来讲，国际市场上油价的较大波动可能会导致国内物价水平产生剧烈的反应，包括通过直接油品价格和有机化工类中间产品传播途径对国内物价水平产生影响。石油在生产投入中的份额和价格机制(包括国内成品油定价机制和粮食定价机制)决定了这一阶段传导效应的大小。一般来说，石油在消费结构中所占权重越大，价格机制越灵活，则油价波动对国内物价水平的传递时间越短，产生的效应越大。

一方面，国际原油价格对汽油、柴油、燃油等直接油品的生产成本和价格的影响是直接的，而航空、公路、铁路等私人和公共交通成本与费用相继随之变动。由直接油品带来的费用主要体现在交通上，渗透在居住、交通通信等服务业的价格中，由消费者直接或间接承担。交通通信类、住房类、食品类 CPI 等细分的 CPI 反映了国际油价波动在各个方面对 CPI 的直接效应。然而，结合图 3-1，可以看出国际油价对 CPI 的直接传递效应主要体现在交通通信和食品两个方面。

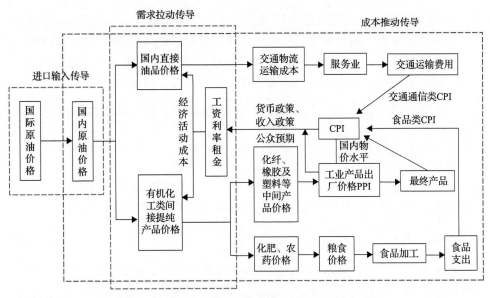

图 3-1　国际油价波动对国内物价水平动态传导机制

另一方面，油价波动首先直接引起有机化工类间接提纯中间产品的原料成本发生变化，进而将传导效应传递到化纤、橡胶及塑料等中间产品和化肥、农药价格中。这种由原料成本引发的价格变动经工业部门和农业部门内部传导，最终反映在经济系统的各个环节、产业部门及产品的价格水平上。化纤、橡胶及塑料等中间产品价格受到有机工业品成本变动的影响，继而作用于其下游工业产品的生产成本和价格。价格的传导效应最终体现在 PPI 上。PPI 变动又向产业链下游方向进一步传导，然后传导至工业制成品的价格上，间接影响 CPI。与此同时，以有机化工类产品为原材料的化肥、农药价格随原材料价格变动，依次影响粮食价格、食品加工，最终影响到食品类 CPI。该过程中油价波动通过农业部门对 CPI 的作用是直接的。但是，虽然食品类 CPI 在 CPI 核算中占有较大权重，但是我国粮食价格实行政府价格管制，粮食到消费者的价格传导存在阻滞，缺乏弹性。因此，油价波动通过食品渠道对 CPI 实际的直接作用难以衡量。

3. 需求拉动传导

前两个阶段是单向传导阶段，需求拉动传导实际上是一个反馈作用阶段。油价波动通过多个渠道影响国内各经济领域的物价水平(包括 CPI 和 PPI)。为稳定物价水平，政策制定者会实施货币政策和财政政策，通过管理需求企图熨平物价水平波动，保持经济维稳增长。需求管理还要求收入政策和产业政策等一系列政策配合实施。在经济政策的共同作用下，劳动力、资本和土地的价格会随之变动，进而引发了全社会经济活动成本的变动。一系列的连锁反应形成的社会预期使物价走势得以强化，反过来又影响上游产品价格。

结合图 3-1 所示的国际油价波动对国内物价水平动态传导机制的理论分析，就国际油价对国内物价水平传导效应的非对称性问题研究，可归纳概括为三条主要传导渠道。

(1)国际油价波动对 PPI 的直接传导。国际油价波动直接影响国内原油的进口成本和进口量。价格变动沿着产业链依次传递到有机化工类间接提纯产品，化纤、橡胶及塑料等中间产品，并最终传递到工业产品出厂价格 PPI。

(2)国际油价波动对 CPI 的直接传导。该传导路径涉及农业和服务业部门。油价波动通过引起成品油成本变动，进一步引发了运输物流成本变动，继而影响服务业价格，最终影响交通通信等与服务业相关的各个领域。与此同时，原油价格关系到化肥、农药的原材料成本，因此也可能通过粮食价格途径传递到 CPI。CPI 不同组成与原油价格的关联性不尽相同，这反映了油价对 CPI 的直接传导是不对称的。

(3)国际油价波动对 CPI 的间接传导。受国际油价波动影响的 PPI 会影响到最终产品，如烟酒、医疗保健个人用品、衣服等的生产成本，而这部分成本变动最终由消费者来承担，会波及 CPI。油价波动对 CPI 的间接传导既反映了国际油价、PPI 和 CPI 三者之间的传导关系，又反映了生产领域和消费领域的相关关系。

结合图 3-1 所示的国际油价波动对国内物价水平的传导机理，通过理论层面分析内在传导机制可以发现，国际油价波动对国内物价水平的传导主要依次经历了进口输入传导、需求拉动传导和成本推动传导三个过程，在此基础上归纳梳理了三条主要传导途径，发现理论上传导机制本身存在非对称性。因此必须通过实证方法论证分析非对称传导过程。本章将从量化角度，依次从三条主要传导渠道入手，分析油价波动对物价水平的非对称传导。

3.2　国际油价波动对国内物价水平非对称传导的实证分析

实证分析部分以协整为中心思想，探究油价与不同类型物价水平的长期稳定关系；在 APT-ECM 研究框架内，对国际油价、PPI 和 CPI 的传导效率及相关关系做详细分析，发现变量之间的短期关系。本节从长短期结合的实证角度出发，剖析油价波动对物价水平的非对称传导过程。

3.2.1　APT-ECM 构建

国内外关于价格水平非对称传导机制的数理模型较多，本节沿用的是 Phiri(2015) 非对称协整研究方法，即门限自回归法下的阈值误差修正模型 (TAR-TEC)与杨茜和武舜臣(2015)的APT-ECM。在研究非对称性问题上，TAR-TEC 和 APT-ECM 是对误差修正模型的改进，其将整个样本划分成若干个特征各异的子样本。然而这两种方法都只设定一个阈值或者区分解释变量正负，不能充分刻画样本属性。本书综合两种方法，来考察特征差异变量的长短期特征。

Phiri(2015)通过构造 TAR-TEC 来探究南非的金融发展和经济增长的非对称协整和因果效应。首先要对解释变量 x_t 和被解释变量 y_t 做最小二乘法(OLS)估计，得到回归方程：

$$y_t = \varphi_0 + \varphi_1 x_t + \mu_t \tag{3-1}$$

式中，φ_0 为截距项；φ_1 为回归系数。

检验随机干扰项 μ_t 是平稳的，上述方程为解释变量和被解释变量的协整方程。其次，设定误差修正模型为

$$\Delta y_t = \sum_{i=1}^{j} \alpha_i \Delta x_{t-i} + \sum_{i=1}^{j} \beta_i \Delta y_{t-i} + I_t \rho_1 \mu_{t-1} + (1 - I_t)\rho_2 \mu_{t-1} + \xi_t \tag{3-2}$$

$$I_t = \begin{cases} 1, & \mu_{t-1} \geqslant \tau \\ 0, & \mu_{t-1} < \tau \end{cases} \tag{3-3}$$

式中，α_i、β_i 为回归系数；ξ_t 为随机挠动项；Δy_{t-i} 为差分后的被解释变量；τ 为阈值；I_t 为哑变量；ρ_1、ρ_2 为非对称性的参数系数；j 为样本容量。

非对称性传导效应不仅体现在油价上涨和下跌对物价水平的影响上，也包括短期价格正向或负向偏离时对长期均衡的修正力度。针对研究的重点，在 Phiri(2015)研究的基础上综合杨茜和武舜臣(2015)的研究，构建 APT-ECM 作为本书的研究

方法。APT-ECM 具体模型表述如下所述。

首先，对解释变量和被解释变量进行 OLS 回归，得到模型如式(3-1)所示。

其次，检验 μ_t 的平稳性，如果 μ_t 存在单位根，即 μ_t 不满足平稳性，则解释变量和被解释变量之间不具有协整关系，因此不能够利用 ECM 研究分析其相关关系；如果 μ_t 满足平稳条件，则解释变量和被解释变量具有协整关系。式(3-1)为双变量的长期协整关系。

最后，构造 APT-ECM：

$$\Delta y_t = \alpha_0 + \sum_{i=0}^{j} (\beta_i^+ \Delta x_{t-i}^+ + \beta_i^- \Delta x_{t-i}^-) + \sum_{i=1}^{j} (y_i^+ \Delta y_{t-i}^+ + y_i^- \Delta y_{t-i}^-) + \lambda^+ \mathrm{ecm}_{t-1}^+ + \lambda^- \mathrm{ecm}_{t-1}^- + \xi_t$$

$$(3\text{-}4)$$

式中，α_0 为截距项；Δy_t 为被解释变量的一阶差分；ecm_{t-1} 为误差修正项；Δx_{t-i}^+、Δx_{t-i}^- 为油价波动的正负冲击序列；β_i^+ 和 β_i^- 为正负冲击系数，表示油价波动不同方向对被解释变量的影响程度；λ^+ 和 λ^- 为正负"短期参数"，表示当短期物价水平正偏离或者负偏离长期均衡时的调整力度。

$$\Delta x_t^+ = \max[\Delta x_t, 0], \Delta x_t^- = \min[\Delta x_t, 0] \qquad (3\text{-}5)$$

$$\Delta y_t^+ = \max[\Delta y_t, 0], \Delta y_t^- = \min[\Delta y_t, 0] \qquad (3\text{-}6)$$

$$\mathrm{ecm}_{t-1}^+ = \max[\mu_{t-1}, 0], \mathrm{ecm}_{t-1}^- = \min[\mu_{t-1}, 0] \qquad (3\text{-}7)$$

实证过程面临滞后期较长的情况，这样会减少实际样本数据。为了克服这种问题，使用 2007 年 1 月～2015 年 12 月的月度样本数据，即 9 年间共 108 个月的月度观测数据，从而扩充样本容量。PPI 数据来源于国家统计局，国际原油价格来源于国际货币基金组织(IMF)统计数据库。

3.2.2　变量选定与数据预处理

1. 变量选定

CPI 和 PPI 分别表示消费和生产环节的价格水平。选取 CPI 和 PPI 分别替代消费和生产领域的价格水平更利于清晰分析不同途径的传导过程。因此，以 2007年 1 月～2015 年 12 月为样本区间，变量选取 PPI、CPI 及国际原油价格。

(1)生产环节一般价格水平：该变量由 PPI 表示。选取 PPI 作为变量便于观察油价波动对工业产值及增加值的传递效应。

(2)消费环节一般价格水平：衡量消费领域价格总水平的指标通常有 CPI 与商品零售价格指数(RPI)。由于 RPI 剔除了服务价格波动，不能充分反映一般价格水平，本节选用 CPI 来衡量国内消费领域的价格水平。设置食品类，烟酒及用品类，衣着类，交通和通信类，医疗保健和个人用品类，家庭设备用品及维修服务类，娱乐、教育、文化用品及服务类，居住类八种细分 CPI。为了更加全面充分地考察油价波动对 CPI 的非对称传递效应，本节也将上述八种 CPI 不同组成纳入 CPI 考察细分变量范围内。

(3)国际原油价格：国际原油市场涵盖原油现货市场和原油期货市场。两个市场在某种程度上是相通的，为了研究方便，本节统一选用现货市场价格。国际原油市场主要以北海布伦特、西得克萨斯轻质原油和迪拜原油价格为准。我国原油进口近 2/3 合同交易量均以布伦特原油价格作为基准。选取布伦特现货市场月度平均价格作为变量则更有说服力。

2. 数据预处理

官方公布的统计数据不能直接用于实证处理。因此在实证分析之前，必须要对其进行统一化、标准化处理。

1)PPI 数据处理

我国的 PPI 数据，即生产者物价指数，来源于国家统计局。国家统计局 2011 年之前的 PPI 只公布月度同比，2011 年及以后年份公布月度环比和同比。因此按照曲晓燕等(2010)提出的固定基期价格指数转换方法，将所有数据统一转化为以 2007 年 1 月为基期的定基数据。

2)CPI 数据处理

国家统计局官方公布的各细分行业的 CPI 数据不完整，其中有 5 个月度样本数据缺失。为了方便实证分析，利用统计学方法，填充缺失的样本数值。并按照固定基期价格指数转换方法将 CPI 月度环比数据转换为以 2007 年 1 月为基期的定基数据。

3)国际油价数据处理

国际原油价格以美元计价。然而国际油价波动对国内物价的传导受到人民币汇率和国内通货膨胀的干扰和影响。利用月度汇率将国际原油价格转化为以人民币计价，并剔除通货膨胀的干扰。

对于时间序列，往往要对其进行"季节调整"，去掉"季节效应"后才能使用。季节调整的方法包括回归法、移动平均比率法及 X12 方法。利用软件 Stata12.1 对样本数据通过移动平均比率法做季节调整，除去造成"季节效应"的因素。将修正后的数据做对数化处理，既能够有效地消除时间序列的异方差，也不影响序列的走势和实证分析结果。经处理变换后的变量见表 3-1。

表 3-1 经处理变换后的变量汇总

CPI 分类	定义	原始数据来源
ln(PPI)	生产领域一般价格水平的对数	
ln(CPI)	消费领域一般价格水平的对数	
ln(food)	食品类 CPI 的对数	
ln(cigwine)	烟酒及用品类 CPI 的对数	
ln(clothing)	衣着类 CPI 的对数	
ln(family)	家庭设备用品及维修服务类 CPI 的对数	国家统计局
ln(medical)	医疗保健和个人用品类 CPI 的对数	
ln(traffic)	交通和通信类 CPI 的对数	
ln(entertain)	娱乐、教育、文化用品及服务类 CPI 的对数	
ln(housing)	居住类 CPI 的对数	
ln(Brent)	国际原油现货市场价格水平的对数	IMF 统计数据库

3.3 国际油价与国内物价水平描述性分析

3.3.1 国际油价波动与 PPI 走势分析

图 3-2 刻画了 PPI 和国际油价时间走势图。如图 3-1 所示, PPI 和国际油价的变化趋势大体一致, 上涨或下跌的方向和波动幅度也具有明显的一致性, 因此, 可以初步判定两者可能具有长期协整关系。PPI 随着国际油价波动呈现同方向变动。2012 年 1 月~2014 年上半年国际原油价格虽有波动, 但整体上处于平稳水平, 而 PPI 则呈现总体下降的趋势。这表明了国际原油价格的波动与当期 PPI 涨跌之间的波动

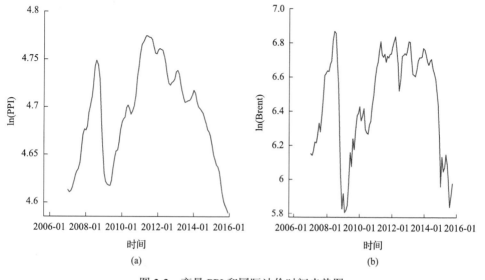

图 3-2 变量 PPI 和国际油价时间走势图

幅度、方向和频率不完全一致，即存在着非对称性。表 3-2 展现了两个变量对数序列的描述统计量。可初步判断 PPI 与国际油价之间存在较强的正向关联特征。

表 3-2　ln(PPI) 和 ln(Brent) 描述性统计量及其相关系数

变量	平均值	标准差	最小值	最大值	偏度	峰度	相关系数
ln(PPI)	4.6917	0.0509	4.5892	4.7745	−0.1906	1.9930	0.8317
ln(Brent)	6.4658	0.2971	5.8056	6.8687	−0.6449	2.1951	

3.3.2　国际油价波动与 CPI 不同组成走势分析

图 3-3 清晰地刻画了 CPI 不同组成与国际油价的走势。从图 3-3 看出，除了交通和通信类 CPI 与国际油价呈现比较相似的走势，二者可能存在协整关系，其他细分 CPI 则与国际油价走势出入较大，尚未表现出密切的关联性。尤其是食品类 CPI 呈总体上升趋势，而油价波动幅度则较大，两者的走势差别最大。因此，初步判断国际油价波动对 CPI 不同组成的传导效应不同，即可能存在不对称特征。具体结果见表 3-3，直观上可以简单认为国际油价震荡对 CPI 的直接传导是以交通和通信作为主要传导渠道的。

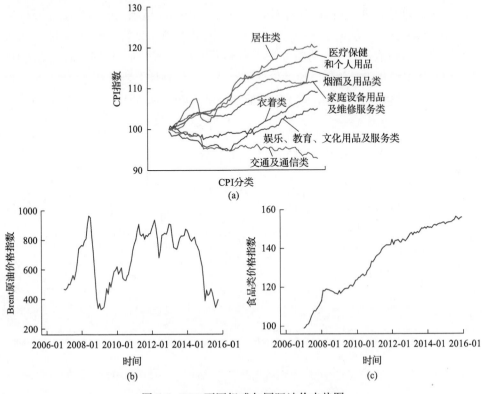

图 3-3　CPI 不同组成与国际油价走势图

表 3-3　ln(traffic) 和 ln(Brent) 描述性统计量及相关系数

变量	平均值	标准差	最小值	最大值	偏度	峰度	相关系数
ln(traffic)	4.5640	0.0188	4.5308	4.6078	0.8383	2.7831	0.1021
ln(Brent)	6.4658	0.2971	5.8056	6.8687	−0.6449	2.1951	

3.4　国际油价波动对 PPI 非对称传导的实证分析

3.4.1　数据实证过程

1. 平稳性检验

平稳性检验是研究变量之间协整关系的前提条件，以此避免非平稳序列做简单 OLS 回归出现伪回归(spurious regression)和谬误等相关问题。检验序列平稳性的方法主要有 ADF 检验法、KPSS(Kwiatkowski, Philips, Schmidt, Shin)检验法、PP 检验法及迪基-富勒-广义最小二乘(DF-GLS)检验法等。如果时间序列 y_t 和 x_t 是平稳的，则利用 OLS 法对其做经典回归拟合；如果 y_t 和 x_t 不平稳，但为同阶单整，则需做协整检验，检验是否存在长期稳定的均衡关系。ADF 检验法是检验平稳性最常见的方法之一。表 3-4 为 ln(PPI) 和 ln(Brent) 及其一阶差分的单位根检验结果。

表 3-4　单位根检验结果

变量	T 统计量	5%临界值	P 概率值	是否平稳
ln(PPI)	−0.465	−2.890	0.8988	否
Δln(PPI)	−3.316	−2.890	0.0142	是
ln(Brent)	−1.281	−2.890	0.6378	否
Δln(Brent)	−7.241	−2.890	0.0000	是

如表 3-4 所示，变量 ln(PPI) 和 ln(Brent) 的 ADF 检验结果接受原假设，即存在单位根，因此该序列为非平稳序列。一阶差分序列在 5%的显著水平下可以拒绝原假设，是平稳序列。变量 ln(PPI) 和 ln(Brent) 都是一阶单整序列，即 ln(PPI)~I(1)，ln(Brent)~I(1)。

2. 协整检验

依据格兰杰表述定理(Granger representation theorem)，若两个变量 X 与 Y 满足协整条件，那么它们之间的短期非均衡关系总能由一个 ECM 表述，即

$$\Delta y_t = \text{lagged}(\Delta y, \Delta x) - \lambda ecm_{t-1} + \mu_t, \quad 0 < \lambda < 1 \tag{3-8}$$

如果上述单位根检验结果表明变量 y_t 和 x_t 为同阶单整序列，那么满足协整检验的前提，下一步则进行协整检验。检验协整关系的方法主要有两种，即 E-G 两

步法和 Johansen 协整检验法。一般情况下,E-G 两步法适用于双变量情形,Johansen 协整检验法则用于多变量情形。

用 Johansen 协整检验法检验协整关系就是检验是否存在协整秩。依据信息准则 AIC 确定滞后阶数为 1 阶。借助软件 Stata12.1,通过最大特征值统计量和迹统计量来检验协整秩的个数。多数情况下,迹统计量法使用更广泛。因此,本章选择迹统计量的检验结果,检验结果见表 3-5。

表 3-5　Johansen 协整检验结果

最大秩数	特征值	迹统计量	5%水平临界值	最大特征值
$r=0$		52.5170	25.32	48.3371
$r\leqslant1$	0.36894	4.1799*	12.25	4.1799
$r\leqslant2$	0.03903			

*表示不能拒绝原假设。

表 3-5 所示结果中,当 $r=0$ 时,迹统计量的值为 52.5170,大于 5%显著性水平下的临界值 25.32,因此,拒绝不存在协整秩的原假设。当 $r\leqslant1$ 时,迹统计量的值为 4.1799,小于 5%显著性水平下的临界值 12.25,所以不能拒绝至多存在 1 个协整秩的原假设。因此,判断两个变量间存在一个协整关系,即具有协整关系。

3. Granger 因果检验

利用 Granger 因果检验判断具有协整关系的变量之间的因果关系。$\ln(\text{Brent})$、$\ln(\text{PPI})$ 为同为一阶单整,并且存在协整关系,因此可对其进行 Granger 因果检验。检验结果见表 3-6:在 5%显著水平下,国际油价是国内 PPI 水平的 Granger 原因,而国内 PPI 水平并非国际油价的 Granger 原因。

表 3-6　PPI Granger 因果检验结果

原假设	滞后期	F 统计量	概率值	是否拒绝原假设
$\ln(\text{Brent})$ 不是 $\ln(\text{PPI})$ 的原因	1	30.18	0.0000	拒绝
$\ln(\text{PPI})$ 不是 $\ln(\text{Brent})$ 的原因	1	1.79	0.1839	不拒绝

4. 回归结果及检验

1)回归结果

以油价波动与国内物价水平为被解释变量和解释变量,构建 APT-ECM,分析研究其中的非对称传导效应。由 Johansen 检验结果可知,确定模型 1 阶滞后阶数和 1 个协整秩,得到协整长期回归结果:

$$\ln(\text{PPI}_t) = 3.7980 + 0.1385 \times \ln(\text{Brent}_t) \tag{3-9}$$

将计算出的正、负冲击序列 $\Delta\ln(\text{Brent}_t^+)$、$\Delta\ln(\text{Brent}_t^-)$、$\Delta\ln(\text{PPI}_t^+)$、$\Delta\ln(\text{PPI}_i^-)$ 及其滞后项和式(3-9)代入式(3-4)，回归结果见表 3-7。

表 3-7　PPI APT-ECM 结果

变量	系数估计值	T 统计量	P 概率值
constant	0.0004	0.43	0.670
ecm_{t-1}^+	−0.0439	−1.41	0.162
ecm_{t-1}^-	−0.0139	−0.42	0.678
$\Delta\ln(\text{Brent}_t^+)$	0.0255	2.33*	0.022*
$\Delta\ln(\text{Brent}_{t-1}^+)$	0.0283	2.64*	0.010*
$\Delta\ln(\text{Brent}_t^-)$	0.0247	2.90*	0.005*
$\Delta\ln(\text{Brent}_{t-1}^-)$	0.0314	3.05*	0.003*
$\Delta\ln(\text{PPI}_{t-1}^+)$	0.5774	6.16*	0.000*
$\Delta\ln(\text{PPI}_{t-1}^-)$	0.5754	7.09*	0.000*

*表示在 5%水平下显著。

2）Wald 检验

对模型结果做 Wald 检验，检验模型系数间的关系。

检验正向冲击系数等于 0，即检验 $H_0^{(1)}: \beta_i^+ = 0, \forall i$。如果拒绝原假设，则说明解释变量正向冲击系数不全为 0，即正向冲击效应是显著的。否则，说明正向冲击不显著。

检验负向冲击系数等于 0，即检验 $H_0^{(2)}: \beta_i^- = 0, \forall i$。如果拒绝原假设，则说明解释变量负向冲击系数不全为 0，即负向冲击效应是显著的。否则，说明负向冲击不显著。

检验正向冲击系数之和等于 0，即检验 $H_0^{(3)}: \sum_{i=0}^{n}\beta^+ = 0$。如果检验结果拒绝原假设，则说明解释变量正向冲击对被解释变量具有显著的累积传导效应，否则，表明正向累积传导效应不明显。

检验负向冲击系数之和等于 0，即检验 $H_0^{(4)}: \sum_{i=0}^{n}\beta^- = 0$。如果检验结果拒绝原假设，则说明解释变量负向冲击对被解释变量具有显著的累积传导效应。反之则表明负向累积传导效应不明显。

检验解释变量的正负冲击系数之和相等，也就是检验解释变量的波动方向对被解释变量累积效应的非对称性，即设定原假设 $H_0^{(5)}: \sum_{i=0}^{n}\beta_i^+ = \sum_{i=0}^{n}\beta_i^-$。如果拒绝原假设，则表示解释变量 x_t 对被解释变量 y_t 的正负冲击具有非对称性；反之，则说明正负累积效应是对称的。

检验偏离长期均衡时的正负修正系数相等，也就是检验在短期水平偏离的情况下正负方向拉回程度的对称性，即设定原假设 $H_0^{(6)}: \lambda^+ = \lambda^-$，如果拒绝原假设则表明正负修正力度是具有非对称性的；反之，则说明正负修正力度不具有对称性。

表 3-8 表明，1%显著性水平下，均拒绝零假设 $H_0^{(1)}$、$H_0^{(2)}$、$H_0^{(3)}$、$H_0^{(4)}$；而任何显著性水平下都不能拒绝零假设 $H_0^{(5)}$、$H_0^{(6)}$。

表 3-8　Wald 检验结果

	零假设	F 统计量	P 概率值
$H_0^{(1)}$	$\beta_i^+ = 0, \forall i$	7.97	0.0006[*]
$H_0^{(2)}$	$\beta_i^- = 0, \forall i$	19.60	0.0000[*]
$H_0^{(3)}$	$\sum_{i=0}^{n} \beta_i^+ = 0$	15.89	0.0001[*]
$H_0^{(4)}$	$\sum_{i=0}^{n} \beta_i^- = 0$	38.20	0.0000[*]
$H_0^{(5)}$	$\sum_{i=0}^{n} \beta_i^- = \sum_{i=0}^{n} \beta_i^+$	0.02	0.8991
$H_0^{(6)}$	$\lambda^+ = \lambda^-$	0.29	0.5941

*表示在 1%的显著性水平下拒绝原假设。

3）脉冲响应分析

除了波动方向，波动幅度也会对传导产生非对称影响。波动方向和波动幅度的大小会导致滞后期传导效应的非对称性。

首先，引入四个虚拟变量 A_t、D_t、I_t、L_t：

$$A_t = \begin{cases} 1, \Delta x_t \geq 0 \\ 0, \Delta x_t < 0 \end{cases}, \quad D_t = \begin{cases} 1, \Delta x_t < 0 \\ 0, \Delta x_t \geq 0 \end{cases}, \quad I_t = \begin{cases} 1, |\Delta x_t| \geq \tau \\ 0, |\Delta x_t| < \tau \end{cases}, \quad L_t = \begin{cases} 1, |\Delta x_t| < \tau \\ 0, |\Delta x_t| \geq \tau \end{cases} \tag{3-10}$$

式中，Δx_t 是油价波动，τ 是一个临界值，衡量自变量波动幅度的大小。一般情况下采用中位数、平均值和门限值的方法来界定波动幅度的大小。本节选用油价波动率绝对值的平均数作为界定值，即 $\tau = \sum |\Delta x_t|/n$，其中 n 表示样本容量。设定大于平均值的波动幅度为较大，小于平均值的波动幅度为较小。计算油价波动的绝对值作为临界值，即 $\tau = 0.0653$。因此，最终设定的虚拟变量如下：

$$A_t = \begin{cases} 1, \Delta \ln(\text{Brent}_t) \geq 0 \\ 0, \Delta \ln(\text{Brent}_t) < 0 \end{cases}, \quad D_t = \begin{cases} 1, \Delta \ln(\text{Brent}_t) < 0 \\ 0, \Delta \ln(\text{Brent}_t) \geq 0 \end{cases} \tag{3-11}$$

$$I_t = \begin{cases} 1, |\Delta\ln(\text{Brent}_t)| \geqslant 0.0653 \\ 0, |\Delta\ln(\text{Brent}_t)| < 0.0653 \end{cases}, \quad L_t = \begin{cases} 1, |\Delta\ln(\text{Brent}_t)| < 0.0653 \\ 0, |\Delta\ln(\text{Brent}_t)| \geqslant 0.0653 \end{cases} \quad (3\text{-}12)$$

构造新变量 $I_t A_t \Delta\ln(\text{Brent}_t)$、$L_t D_t \Delta\ln(\text{Brent}_t)$、$L_t A_t \Delta\ln(\text{Brent}_t)$、$I_t D_t \Delta\ln(\text{Brent}_t)$ 如表 3-9 所示。

表 3-9　构造新变量汇总

变量	含义
$I_t A_t \Delta\ln(\text{Brent}_t)$	表示油价波动幅度大于临界值的正向序列
$L_t D_t \Delta\ln(\text{Brent}_t)$	表示油价波动幅度大于临界值的负向序列
$L_t A_t \Delta\ln(\text{Brent}_t)$	表示油价波动幅度小于临界值的正向序列
$I_t D_t \Delta\ln(\text{Brent}_t)$	表示油价波动幅度小于临界值的负向序列

为了能够更清晰地分析油价波动方向及波动幅度对物价水平的传导效应，依据 AIC 和 SC 最小原则，构建 VAR 模型，进行因变量对 $I_t A_t \Delta\ln(\text{Brent}_t)$、$L_t A_t \Delta\ln(\text{Brent}_t)$、$I_t D_t \Delta\ln(\text{Brent}_t)$、$L_t D_t \Delta\ln(\text{Brent}_t)$ 的脉冲响应分析，以此来分析探究油价波动方向和幅度不同对物价水平传导效应的差异。

图 3-4 清楚地依次刻画了较大幅度的正向变动、较小幅度的负向变动、较大幅度的正向变动及较小幅度的负向变动对 PPI 浮动率的冲击。

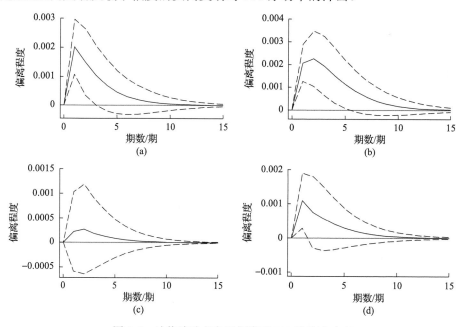

图 3-4　油价波动方向和幅度对 PPI 的脉冲响应

(a) IDX-较小幅度的负向变动；(b) IAX-较小幅度的正向变动；(c) LAX-较大幅度的正向变动；
(d) LDX-较大幅度的负向变动；实线表示真实的影响，上下两条虚线表示加减一个标准差的波动

3.4.2　基本结论

从上述结果可以看出，国际油价的波动对我国生产资料、物价水平的影响具有长期均衡的关系，并且传递效应比较大。国际油价增长率每变动 1%，我国 PPI增长率则同方向变动 0.23%。然而，我国国内生产物价变动对国际油价影响甚微，几乎不存在影响。

从表 3-8 的 Wald 检验结果来看，F 统计量在显著性水平为 1%、5%时均拒绝零假设 $H_0^{(1)}$、$H_0^{(2)}$、$H_0^{(3)}$、$H_0^{(4)}$，然而不能拒绝零假设 $H_0^{(5)}$，可以得出如下结论。

(1)拒绝 $H_0^{(1)}$ 和 $H_0^{(2)}$ 说明国际油价对 PPI 的正向冲击和负向冲击效果都是显著的，即国际油价上涨和下跌导致 PPI 走势相同。

(2)拒绝 $H_0^{(3)}$ 和 $H_0^{(4)}$ 说明国际油价对 PPI 产生的正向冲击和负向冲击效果具有显著的累积效应，即正向效应和负向效应具有累积传导性。

(3)不能拒绝 $H_0^{(5)}$ 说明国际油价对 PPI 产生的正向冲击、负向冲击的累积效应不具有显著的非对称性。然而，从 $H_0^{(3)}$ 和 $H_0^{(4)}$ 的 F 统计量值来看，负向冲击的累积效应比正向冲击的累积效应 F 统计量更大。因此，总体来讲，国际油价波动对PPI 传导的累积效应是非对称的。

(4)不能拒绝 $H_0^{(6)}$ 说明短期正偏离和负偏离长期均衡时的拉回力度不具有太大的差异，因此，短期参数的调整力度不具有非对称性。

图 3-4 (a) 和 (b) 表示，油价波动幅度较大时，油价上涨和下跌对 PPI 的冲击作用差别不大，这与上述模型得到的结果是一致的。相对于油价上涨，油价下跌的传导对滞后期的影响更具有持久性。图 3-4 (c) 和 (d) 表示，油价波动幅度较小时，油价上涨的冲击效应小于油价下跌。因此，油价波动与 PPI 波动具有非对称性。图 3-4 (a) 和 (b)、图 3-4 (c) 和 (d) 比较说明，当油价波动方向相同时，即同时上涨或下跌，油价波动幅度较大的传导强度更大。

3.5　国际油价波动对 CPI 非对称直接传导的实证分析

3.5.1　数据实证过程

1. 平稳性检验

利用 ADF 检验法，通过检验 CPI 及其不同组成是否具有单位根来判断其平稳性。表 3-10 为 CPI 和 CPI 不同组成及其一阶差分的单位根检验结果。

表 3-10　ADF 单位根检验结果

变量	T 统计量	P 概率值	是否平稳	变量	T 统计量	P 概率值	是否平稳
ln(CPI)	−2.182	0.2127	否	Δln(CPI)	−8.868	0.0000	是
ln(food)	−3.139	0.0238	否	Δln(food)	−9.392	0.0000	是
ln(cigwine)	−0.970	0.7642	否	Δln(cigwine)	−5.525	0.0000	是
ln(clothing)	2.099	0.9988	否	Δln(clothing)	−6.272	0.0000	是
ln(family)	−1.835	0.3632	否	Δln(family)	−8.190	0.0000	是
ln(medical)	−2.864	0.0497	否	Δln(medical)	−6.076	0.0000	是
ln(traffic)	−1.845	0.3584	否	Δln(traffic)	−4.778	0.0001	是
ln(entertain)	0.801	0.9917	否	Δln(entertain)	−13.297	0.0000	是
ln(housing)	−0.887	0.7922	否	Δln(housing)	−6.446	0.0000	是

从表 3-10 所示结果可以看出，CPI 及其不同组成的对数都是非平稳的，但是一阶差分则都是平稳的。因此，变量 ln(CPI)、ln(food)、ln(cigwine)、ln(clothing)、ln(family)、ln(medical)、ln(traffic)、ln(entertain) 及 ln(housing) 均满足一阶单整。

2. 协整检验

下面利用 E-G 两步法分别检验单个细分 CPI 与国际油价两个变量的协整关系。E-G 两步法是指首先对变量做 OLS 回归，其次检验残差序列的平稳性。如果残差序列的检验结果是平稳的，那么两个变量之间满足协整关系。对 CPI 的八个分量与国际油价做协整检验，判断其是否与国际油价具有协整关系，然后进一步探究油价波动对消费领域一般物价水平传导效应的非对称性。

表 3-11 表明，在 5%显著性水平下，只有 ln(traffic) 和 ln(Brent) 通过了协整检验，其他变量与 ln(Brent) 均未通过检验，即不满足长期均衡关系。这说明国际油价在不同空间市场的传导，对国内 CPI 不同组成的影响是有差异的，体现了空间传导的非对称性。从长期来看，国际油价对国内 CPI 的直接影响主要体现在交通通信类，对其他方面消费物价水平的影响较小。之前的传导机制分析发现，粮食传递可作为国际油价波动对 CPI 的直接传导途径之一，但是实证结果并未证实前面的分析。

食品类 CPI 与国际油价波动关联度低主要存在两方面的原因：一是我国实行粮食管制政策，粮食价格对成本反映的灵活性较差，价格传导渠道不顺畅，因此，国际油价波动对食品类 CPI 的传导存在阻滞。二是尽管化肥、农药成本关系到粮食生产成本，然而其在粮食生产成本中所占的权重较低，而粮食更多受到气候、土地等因素的影响。所以，化肥、农药价格变动对粮食生产成本的影响是有限的。基于以上分析，油价波动对国内消费环节价格水平的直接影响仅针对交通通信类 CPI，而对食品类 CPI 等其他 CPI 组成，本节不作考虑。

表 3-11　E-G 协整检验结果

协整变量	常数项	解释变量系数	残差单位根 T 检验值	P 概率值
(ln(food), ln(Brent))	4.0861	0.1251	−1.009	0.7499
(ln(cigwine), ln(Brent))	4.4739	0.0320	0.370	0.9803
(ln(clothing), ln(Brent))	4.6263	−0.0028	2.300	0.9990
(ln(family), ln(Brent))	4.5621	0.0160	−0.289	0.9270
(ln(medical), ln(Brent))	4.4464	0.0394	0.040	0.9617
(ln(traffic), ln(Brent))	4.5235	0.0063	−2.281	0.0124**
(ln(entertain), ln(Brent))	4.6843	−0.0118	0.255	0.9752
(ln(housing), ln(Brent))	4.2970	0.0640	0.551	0.9863
(ln(CPI), ln(Brent))	4.3142	0.0671	−0.042	0.9549

**在 5%显著性水平下拒绝原假设。

3. Granger 因果检验

经上述平稳性检验发现，$\ln(\text{traffic}) \sim I(1)$、$\ln(\text{Brent}) \sim I(1)$，$\ln(\text{traffic})$ 和 $\ln(\text{Brent})$ 为同阶单整，且存在协整关系，因此，其满足 Granger 因果检验的前提条件。从 Granger 因果检验结果来看，在 5%显著性水平下，$\ln(\text{traffic})$ 不是 $\ln(\text{Brent})$ 的 Granger 原因，而 $\ln(\text{Brent})$ 是 $\ln(\text{traffic})$ 的 Granger 原因，如表 3-12 所示。

表 3-12　CPI Granger 因果检验结果

原假设	滞后期	F 统计量	P 概率值	是否拒绝原假设
ln(Brent)不是 ln(traffic)的原因	1	16.11	0.0001	拒绝
ln(traffic)不是 ln(Brent)的原因	1	0.21	0.6498	不拒绝

4. 回归结果及检验

1) 回归结果

油价波动对 CPI 的非对称传导效应，除了体现在对 CPI 不同组成的影响程度差异方面，还体现在油价波动方向对 CPI 影响程度的非对称性。经上述分析发现，油价波动对国内居民消费水平的直接影响主要针对交通通信类，因此以交通通信类 CPI 作为 CPI 直接传导的工具变量。

首先，根据 E-G 两步法协整检验的结果可以确定协整长期均衡方程为

$$\ln(\text{traffic}_t) = 4.5235 + 0.0063 \times \ln(\text{Brent}_t) \tag{3-13}$$

计算得出变量一阶差分的正负序列 $\Delta\ln(\text{Brent}_t^+)$、$\Delta\ln(\text{Brent}_t^-)$、$\Delta\ln(\text{traffic}_t^+)$、

$\Delta\ln(\text{traffic}_t^-)$。综合 AIC、贝叶斯信息准则(BIC)及 R^2，最终选取自变量差分项为二阶滞后、因变量差分项为一阶滞后。将正负序列与式(3-12)代入式(3-4)中，最终得出结果，见表 3-13。

表 3-13 油价波动对 CPI 直接传导 APT-ECM 结果

变量	系数估计值	T 统计量	P 概率值
constant	−0.0009	−1.32	0.191
ecm_{t-1}^+	−0.0069	−0.28	0.777
ecm_{t-1}^-	−0.0886	−1.76	0.082**
$\Delta\ln(\text{Brent}_t^+)$	0.0126*	1.64	0.103*
$\Delta\ln(\text{Brent}_{t-1}^+)$	0.0127**	1.70	0.092**
$\Delta\ln(\text{Brent}_t^-)$	0.0038	0.64	0.526
$\Delta\ln(\text{Brent}_{t-1}^-)$	0.0117**	1.91	0.059**
$\Delta\ln(\text{traffic}_{t-1}^+)$	0.0183	0.08	0.934
$\Delta\ln(\text{trafffic}_{t-1}^-)$	0.4155**	3.35	0.001**

*、**分别表示在 5%、10%水平下显著。

2)Wald 检验

选取 F 统计量对模型结果各系数及系数之间的关系进行相关性检验，并借助 P 概率值加以判断。Wald 检验结果见表 3-14。

表 3-14 油价波动对 CPI 直接传导 Wald 检验结果

	零假设	F 统计量	P 概率值
$H_0^{(1)}$	$\beta_i^+ = 0, \forall i$	3.92**	0.0231**
$H_0^{(2)}$	$\beta_i^- = 0, \forall i$	4.13**	0.0190**
$H_0^{(3)}$	$\sum_{i=0}^{n} \beta_i^+ = 0$	7.83*	0.0062*
$H_0^{(4)}$	$\sum_{i=0}^{n} \beta_i^- = 0$	7.85*	0.0061*
$H_0^{(5)}$	$\sum_{i=0}^{n} \beta_i^- = \sum_{i=0}^{n} \beta_i^+$	0.65	0.4209
$H_0^{(6)}$	$\lambda^+ = \lambda^-$	1.47	0.2284

*、**分别为 1%、5%水平下显著。

表 3-14 检验结果表明，在 5%显著性水平上，拒绝原假设 $H_0^{(1)}$、$H_0^{(2)}$，在 1%、5%显著性水平上，拒绝原假设 $H_0^{(3)}$、$H_0^{(4)}$，在任何显著性水平上都不能拒绝原假设 $H_0^{(5)}$、$H_0^{(6)}$。

5. 脉冲响应分析

针对油价波动的方向与幅度对物价的传导效应，构造新变量 $I_t A_t \Delta \ln(\text{Brent}_t)$、$L_t A_t \Delta \ln(\text{Brent}_t)$、$I_t D_t \Delta \ln(\text{Brent}_t)$、$L_t D_t \Delta \ln(\text{Brent}_t)$。根据信息准则构建 VAR 模型，得到 $\Delta \ln(\text{traffic}_t)$ 与 $I_t A_t \Delta \ln(\text{Brent}_t)$、$L_t A_t \Delta \ln(\text{Brent}_t)$、$I_t D_t \Delta \ln(\text{Brent}_t)$、$L_t D_t \Delta \ln(\text{Brent}_t)$ 的脉冲响应图，并做脉冲响应分析。图 3-5 依次清楚地刻画了国际油价较大幅度的正向波动、较小幅度的负向波动对 CPI 变动的直接冲击。

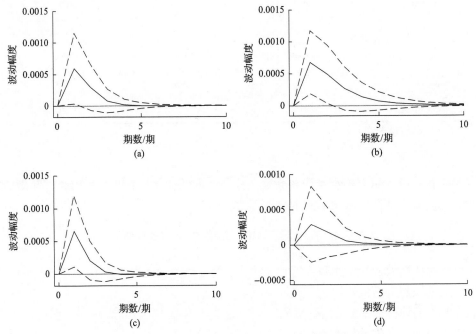

图 3-5　油价波动方向和幅度对 CPI 直接作用的脉冲响应图

(a) IDX-较小幅度的负向变动；(b) IAX-较小幅度的正向变动；(c) LAX-较大幅度的正向变动；
(d) LDX-较大幅度的负向变动；实线表示真实的影响，上下两条虚线表示加减一个标准差的波动

3.5.2　基本结论

我国 CPI 细分为八个门类，每个门类代表了 CPI 不同消费领域的物价水平。通过 E-G 检验，发现国际油价(用 $\ln(\text{Brent})$ 表示)波动只与交通通信类 CPI(用 $\ln(\text{traffic})$ 表示)存在协整关系，而与其他七个方面 CPI 不具有长期均衡关系。这表明了油价波动对 CPI 的传导效应存在水平传导的不对称性。

式(3-13)表示 ln(traffic) 和 ln(Brent) 的协整关系,反映的是油价波动与居民交通通信类消费价格水平的长期均衡关系。式(3-13)表明,长期来看,国际油价每波动1%,居民消费价格水平同方向波动 0.6%。因此,ln(Brent) 波动与我国消费价格水平波动之间存在较大的弹性。ln(Brent) 波动幅度大会导致 ln(traffic) 反应较强,进而影响到我国 CPI 的稳定。然而,由于 ln(traffic) 只在 CPI 占有较小的份额,而 ln(Brent) 波动对其他方面的居民消费价格没有显著的影响。所以,总体上从长期来看,油价波动对我国交通通信类 CPI 影响较大,但是对全国 CPI 影响甚微。

通过表 3-14 中的 Wald 检验发现结论。

(1)拒绝 $H_0^{(1)}$ 和拒绝 $H_0^{(2)}$ 说明 ln(Brent) 对 CPI 的直接正向冲击和负向冲击效果显著,即国际油价上涨和下跌会导致交通通信类 CPI 走势相同。

(2)拒绝 $H_0^{(3)}$ 和 $H_0^{(4)}$ 说明 ln(Brent) 波动对 ln(traffic) 的正向冲击和负向冲击的传导效果是显著的。ln(Brent) 波动对 ln(traffic) 的影响不仅体现在当期,还体现在滞后期。

(3)不能拒绝 $H_0^{(5)}$ 说明 ln(Brent) 波动对 ln(traffic) 的累积传导效应是相同的,在作用效果上来看具有对称性。$H_0^{(3)}$ 和 $H_0^{(4)}$ 特征值差别很小,所以,油价波动对 CPI 的直接传导的累积效应不具有非对称性特征。

(4)不能拒绝 $H_0^{(6)}$ 说明短期正偏离或者负偏离处于长期均衡状态时拉回修正力度是对称的,因此,从对短期正负偏离的调整力度来看不存在非对称传导效应。

结合脉冲响应图 3-5(a) 和 (b) 来看,当油价波动幅度较大时,油价上涨和下跌对国内 CPI 产生直接影响,即对 ln(traffic)(交通通信类 CPI)的传导影响差异不大,因此是对称的。图 3-5(c) 和 (d) 表示当油价波动幅度较小时,油价上涨对国内 CPI 的直接影响大于油价下跌时的传导效应,因此,其具有非对称性。从图 3-5(a) 和 (c) 可以看出,油价上涨时,油价波动幅度对 CPI 的直接影响差别不大,不具有非对称性。从图 3-5(b) 和 (d) 可以看出,油价下跌时,油价波动幅度大的对 CPI 的直接影响较大,而波动幅度较小的对 CPI 的直接影响较小。

3.6 国际油价波动对 CPI 间接传导分析

依据传导机理分析,发现国际油价还会对 CPI 产生间接影响,传导途径为国际油价→PPI→CPI。本节基于协整方法通过研究国际油价、PPI 及 CPI 之间的关联性来分析国际油价对 CPI 的间接传导。

3.6.1 国际油价波动、PPI 及 CPI 协整关系检验

经上所述,已知变量 ln(Brent)、ln(PPI) 和 ln(CPI) 均为一阶单整,符合协整同阶单整的前提条件。检验三个变量之间是否具有协整关系,若具有协整关系,

则说明三者具有长期均衡关系，检验结果见表 3-15。检验结果表明油价与 PPI 满足长期均衡，然而 CPI 与油价和 PPI 均不具有协整关系。

表 3-15　国际油价波动、PPI 及 CPI 的协整检验

协整变量	最大秩数	特征值	迹统计量	5%临界值	最大特征值统计量	结论
	$r=0$		52.5170	25.32	48.3371	
$(\ln(\text{Brent}), \ln(\text{PPI}))$	$r \leqslant 1$	0.36894	4.1799*	12.25	4.1799	$r=1$
	$r \leqslant 2$	0.03903				
	$r=0$		20.0634*	25.32	14.7929	
$(\ln(\text{Brent}), \ln(\text{CPI}))$	$r \leqslant 1$	0.13259	5.2706	12.25	5.2706	$r=0$
	$r \leqslant 2$	0.04942				
	$r=0$		12.9219*	25.32	9.0394	
$(\ln(\text{PPI}), \ln(\text{CPI}))$	$r \leqslant 1$	0.08174	3.8825	12.25	3.8825	$r=0$
	$r \leqslant 2$	0.03597				

*表示在 5%水平下显著。

3.6.2　国际油价波动、PPI 及 CPI Granger 因果检验

为了研究国际油价、PPI 和 CPI 的传导关系，沿用吴翔等(2009)的研究，Granger 因果检验滞后期选取滞后二期。因为国际油价波动对国内油价的传递一般是滞后一期，而国内油价传导到 PPI 一般是滞后一或二期。

表 3-16 检验结果表明 $\ln(\text{Brent})$ 是 $\ln(\text{PPI})$ 和 $\ln(\text{CPI})$ 的 Granger 原因。这与前面章节的分析结果是一致的，油价波动可以直接影响到 PPI 和 CPI，但这个过程的传递是单向的。通过 χ^2(度量数据分布与所选择的预期或假设之间的差异，又称卡方)统计值，可以看出油价变动对 CPI 的直接传导效应小于对 PPI 的传导效应。这是因为油价到 CPI 的间接传导路径较长，其对 CPI 的传导受到复杂产业部门的各种因素的干扰，传导效果减弱。而油价对 PPI 的传导路径相对更为直接。

表 3-16　国际油价波动、PPI 及 CPI 的 Granger 因果检验结果

原假设	滞后期	χ^2 统计值	P 概率值
$\ln(\text{Brent})$ 不是 $\ln(\text{PPI})$ 的 Granger 原因	2	50.07	0.000*
$\ln(\text{PPI})$ 不是 $\ln(\text{Brent})$ 的 Granger 原因	2	3.53	0.1709
$\ln(\text{Brent})$ 不是 $\ln(\text{CPI})$ 的 Granger 原因	2	7.17	0.0277*
$\ln(\text{CPI})$ 不是 $\ln(\text{Brent})$ 的 Granger 原因	2	1.75	0.4169
$\ln(\text{PPI})$ 不是 $\ln(\text{CPI})$ 的 Granger 原因	2	8.19	0.0167*
$\ln(\text{CPI})$ 不是 $\ln(\text{PPI})$ 的 Granger 原因	2	4.90	0.0863

*为 5%显著性水平下拒绝原假设。

ln(CPI)与 ln(PPI)的因果关系是单向的，ln(PPI)是 ln(CPI)的 Granger 原因，而 CPI 不是 PPI 的 Granger 原因。这与杨宇和陆奇岸(2009)的研究是一致的，即 PPI 对 CPI 的影响是直接的，但是 CPI 对 PPI 的影响很小。在本章的传导机制分析中，发现 CPI 中，如居住类、食品类等许多指标，都与 PPI 直接挂钩，PPI 处于 CPI 产业链上游，对 CPI 产生直接影响。

3.6.3　国际油价波动、PPI 以及 CPI 的综合分析

图 3-6 展示的是国际油价、PPI 与 CPI 的走势图。从图中可以看出，国际油价和 PPI 走势大体保持相似。CPI 与国际油价和 PPI 的走势在 2012 年前大体一致，2012 年之后，出现了"背离"。这主要是因为国内短期需求因素引导着 CPI 的走势，虽然 PPI 也受到需求因素的影响，但是国际大宗商品等供给因素对 PPI 的作用占据主导。所以 CPI 与 PPI 和国际油价走势相悖。

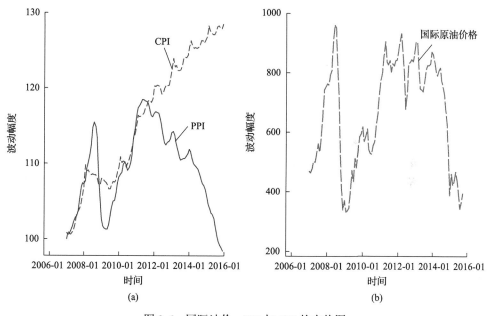

图 3-6　国际油价、PPI 与 CPI 的走势图

从图 3-7(a)可以看出，国际油价与滞后一期或二期的 PPI 相关性强，这说明国际油价对 PPI 的影响是滞后二期；从图 3-7(b)可以看出，PPI 与滞后 20 期的 CPI 相关性最强，这说明 PPI 对 CPI 的传递是滞后的，并且传递速度较慢。总之，相关交叉图提示的变量次序是：国际油价→PPI→CPI，这可以解释为国际油价波动对 PPI 的传导是直接的，但是滞后二期。而 PPI 对 CPI 的传导涉及各个行业部门，其中的经济因素更加复杂，因此，传导过程缺乏灵活性且速度较慢。

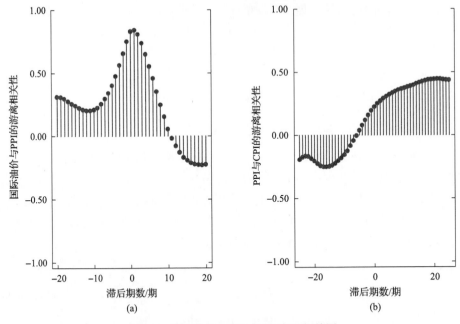

图 3-7　国际油价、PPI、CPI 交叉相关图

3.7　基本结论及分析

上述实证得到的结果与之前的传导机制分析基本上是一致的，但是也存在差异。为了更清楚地说明传导途径下的非对称传导，将国际油价波动对 PPI 和 CPI 的直接传导进行综合比较分析，并解释实证结果的实际意义。

1. Wald 检验结果

研究发现，在对 PPI 和 CPI 的直接传导过程中，油价上涨和下跌对物价水平的影响都是显著的，即物价水平受油价正向和负向序列的冲击都是显著的。尽管从检验结果来看，正向冲击和负向冲击的累积效应不具有非对称性，但是通过 F 统计值可以看出，负向序列冲击的累积效应大于正向序列冲击，即负向序列对物价水平的影响的累积效应更大。从这个角度讲，正向和负向序列累积效应是非对称的，油价下跌时期对国内物价水平的累积冲击效应更显著，此时 CPI 和 PPI 的价格弹性更大。同时误差修正项的调整方向不存在非对称性。

2. 脉冲响应分析

本章设定临界值，构建衡量油价波动方向和波动幅度的虚拟变量，以虚拟变量与变量的乘积为新的变量构建 VAR 模型。脉冲响应图系统清晰地刻画了油价波动方向和波动幅度的差异对物价水平 PPI 和 CPI 的直接冲击。

脉冲响应图反映了油价传导的一般规律，当油价波动方向相同时，油价波动幅度较大的传导影响更大。给原油价格一个单位标准差冲击，物价水平当期呈现相同方向波动，在第二期达到最大，在此之后呈现出下降趋势，至第七期和第八期趋于平稳。这主要是由于国际原油价格的传递过程在时间上存在滞后性。因为原油加工成为有机化工类产品和成品油具有一定的时间间隔，所以在滞后二期时原油价格对物价水平的影响达到峰值，但是油价波动导致的物价水平及经济政策等因素会使消费者对油价和物价水平的走势形成一定的预期，所以来自油价波动的冲击又会持续到第七期，但是总体来讲，油价的滞后效应的敏感程度是逐渐减弱的。

与此同时，当油价波动幅度较小时，油价下跌的传导效应更具有持久性，影响更大；当油价波动幅度较大时，油价波动的方向对 PPI 和 CPI 的直接冲击差别不大。而从理论上讲，波动幅度较大和较小时，价格上涨和下跌应该具有一致或相似的表现，出现这种结果的一个重要原因是政府对国内油价的管制。虽然国内成品油定价机制改革加强了国内油价与国际油价的动态关联性，然而仍未完全实现市场化和国际化。成品油定价机制调价周期过长，调价机制不够灵活，使国内成品油价格难以即时、真实地反映国内市场的实际供需状况。考虑各方面因素，政府调价存在设定价格上下限的情况，价格管制导致定价机制不具有足够的灵活性，传导渠道受到阻滞，当国际油价降幅较大时，国内物价水平受到来自油价下跌的传导效应是有限的。

3. 比较 PPI 和 CPI

PPI 受到国际油价波动的传导效应更大，而 CPI 受到国际油价波动的传导效应则较小。我国是世界上主要的石油进口国之一，石油作为工业原料和基础能源在我国工业增长值中占据重要的地位。油价的波动直接关系着我国的工业生产成本，其通过在产业部门和产品价格之间传递，最终影响 PPI。这个过程主要经历了传导机制中的进口输入传导和成本推动传导，整个过程依次经历了进口贸易渠道和价格渠道。这对我国上游企业的原材料成本的作用是直接的。因此，国际油价波动向 PPI 传导过程中受到的干扰和阻滞比较小，传导强度较高。

而国际油价波动对 CPI 的传导效应较小的原因主要体现在以下四个方面。一是我国的粮食价格管制。作为农药、化肥的上游产品，有机化工类中间产品价格随油价变动而变动。但是农药、化肥仅部分影响粮食生产成本，且我国粮食价格尚未完全市场化，价格管制使成本变动不能完全通过价格传递来实现。因此，从理论上分析，国际油价波动可以沿着粮食传导直接影响到 CPI，但我国粮食食品价格 CPI 与国际油价的实证结果则表现出低关联性。二是国内成品油定价管制。国内成品油定价机制尚未完全市场化和国际化。调整周期长和调整政策不透明限制了油价的传递弹性。三是国际油价通过 PPI 间接影响 CPI。在这个过程中，PPI 决定了工业制成品，即最终产品的生产成本。虽然成本传递能够在一定程度上反映到 CPI 中，但是实际经济活动中，工业制成品的定价方式更加具有灵活性和多样性，并不是完全以成本定价为主。通过产品生产成本传递到 CPI 的实际效应被产品品质、商品包装、售后服务及广告宣传等越来越多的非价格竞争因素分散。所以，国际油价对 CPI 的间接性传导的影响程度是有限的。四是作为国际油价波动对 CPI 直接传导的交通通信类 CPI 在 CPI 核算中所占比重较小，油价波动引起的 CPI 变动影响表现不突出。

4. CPI 与 PPI 和国际油价在 2011 年末之后呈现"背离"的趋势

出现这一现象的原因是受到国内经济政策的刺激，国内需求旺盛，尤其是居民住房、食品等方面物价水平走高。CPI 起主导作用的是需求因素，而 PPI 则主要受供给因素的影响，如大宗商品价格走势等。这一现象反映了经济政策能够引导市场预期，短期内对经济有一定的刺激作用，但是从中长期来看，则不利于市场秩序和经济长远发展。

第 4 章　中国原油和成品油价格的非对称实证研究

4.1　引　　言

　　成品油是一种关系国计民生的特殊商品和战略物资，对于它的定价，一直是社会各界关注的焦点。近年来，随着经济的快速发展，中国作为全球第二大石油消费国，石油消费量仍在不断攀升，对外依存度不断增强，2011年石油对外依存度超过了56%。目前国际政治经济形势较复杂，利比亚危机、伊朗核问题、叙利亚政局动荡可能引发国际石油市场动荡的风险不能排除。因此无论从充分利用国际国内资源保障国内供应的角度考虑，还是从运用价格杠杆促进石油资源节约的角度考虑，都需要坚定不移地推进成品油价格改革，理顺成品油价格。近年来，我国的成品油市场一直存在着涨多跌少的现象(表4-1)，成品油价格波动并没有和原油价格波动相一致。为推进成品油定价机制的市场化改革，2016年4月起我国实施了新的成品油定价机制。新机制有利于实现国内成品油价格与国际市场原油价格有控制地间接接轨；对理顺国内成品油价格，确保成品油价格能够更真实、更灵敏地反映市场供求关系，促进资源合理利用与公平竞争具有重要意义。但问题是这种定价机制是否真的能够及时反映原油价格的波动？本章的研究正是立足于此。

表 4-1　成品油价格调整表

时间	详情
2006 年 03 月 26 日	上调汽油出厂价格每吨 300 元；上调柴油出厂价格每吨 200 元
2007 年 01 月 14 日	下调汽油出厂价格每吨 220 元；下调航空煤油出厂价格每吨 90 元
2007 年 11 月 01 日	上调汽油、柴油和航空煤油价格每吨各 500 元
2008 年 06 月 20 日	上调汽油、柴油价格每吨 1000 元；上调航空煤油每吨 1500 元
2008 年 12 月 19 日	汽油出厂价每吨降低 900 元；柴油出厂价格每吨降低 1100 元
2009 年 01 月 15 日	发展和改革委员会决定再次降低汽、柴油价格，每吨分别降低 140 元和 160 元
2009 年 03 月 25 日	国家发展和改革委员会决定将汽、柴油价格每吨分别提高 290 元和 180 元
2009 年 06 月 01 日	国家发展和改革委员会决定将汽、柴油价格每吨均上调 400 元
2009 年 06 月 30 日	国家发展和改革委员会决定将汽、柴油价格每吨均提高 600 元
2009 年 07 月 28 日	国家发展和改革委员会决定将汽、柴油价格每吨降低 220 元
2009 年 09 月 02 日	国家发展和改革委员会决定将汽、柴油价格每吨均提高 300 元
2009 年 09 月 30 日	国家发展和改革委员会决定将汽、柴油价格每吨下调 190 元
2009 年 11 月 09 日	国家发展和改革委员会决定将汽、柴油价格每吨均上调 480 元

续表

时间	详情
2010 年 04 月 14 日	发展和改革委员会决定将汽、柴油价格每吨均上调 320 元
2010 年 06 月 01 日	发展和改革委员会决定将汽、柴油供应价格每吨分别降低 230 元和 220 元
2010 年 10 月 26 日	发展和改革委员会决定将汽、柴油供应价格每吨分别提高 230 元和 220 元
2010 年 12 月 22 日	国内汽油、柴油价格每吨分别提高 310 元和 300 元
2011 年 02 月 20 日	国内汽油、柴油价格每吨上调 350 元
2011 年 04 月 07 日	国内汽油、柴油价格每吨分别上调 500 元和 400 元
2011 年 10 月 09 日	国内汽油、柴油价格每吨下调 300 元
2012 年 02 月 07 日	国内汽油、柴油价格每吨上调 300 元
2012 年 3 月 20 日	国内汽油、柴油价格每吨上调 600 元
2012 年 8 月 20 日	国内汽油、柴油价格每吨上调 390 元
⋮	⋮
2018 年 1 月 12 日	国内汽油、柴油价格每吨分别上涨 180 元和 175 元
2018 年 3 月 28 日	国内汽油价格每吨上涨 170 元，柴油价格每吨上涨 165 元
2018 年 4 月 12 日	国内汽油价格每吨上涨 50 元，柴油价格每吨上涨 55 元
2018 年 4 月 26 日	国内汽油价格每吨上涨 255 元，柴油价格每吨上涨 245 元
2018 年 4 月 30 日	国内汽油价格每吨下降 75 元，柴油价格每吨下降 65 元(因税率变化调价)
2018 年 5 月 11 日	国内汽油价格每吨上涨 170 元，柴油价格每吨上涨 165 元
2018 年 5 月 25 日	国内汽油价格每吨上涨 260 元，柴油价格每吨上涨 250 元
2018 年 6 月 8 日	国内汽、柴油价格每吨分别下调 130 元和 125 元
2018 年 6 月 25 日	国内汽、柴油价格每吨均降低 55 元
2018 年 7 月 10 日	国内汽油价格每吨上调 270 元，柴油价格每吨上调 260 元
2018 年 7 月 24 日	国内汽油价格每吨下调 125 元，柴油价格每吨下调 120 元
2018 年 8 月 7 日	国内汽、柴油价格每吨均提高 70 元
2018 年 8 月 20 日	国内汽、柴油价格(标准品)每吨均降低 50 元
2018 年 9 月 3 日	国内汽、柴油价格每吨分别提高 180 元和 170 元
2018 年 9 月 17 日	国内汽、柴油价格每吨均提高 145 元
2018 年 9 月 30 日	国内汽、柴油价格每吨分别提高 240 元和 230 元
2018 年 10 月 19 日	国内汽、柴油价格每吨分别提高 165 元和 160 元
2018 年 11 月 2 日	国内汽油价格每吨下调 375 元，柴油价格每吨下调 365 元
2018 年 11 月 16 日	国内汽油价格每吨下调 510 元，柴油价格每吨下调 490 元
2018 年 11 月 30 日	国内汽油价格每吨下调 540 元，柴油价格每吨下调 520 元
2018 年 12 月 14 日	国内汽油价格每吨下调 125 元，柴油价格每吨下调 120 元
2018 年 12 月 28 日	国内汽油价格每吨下调 370 元，柴油价格每吨下调 355 元

注：为了说明问题，选取部分时间节点，没有一一列举。

4.2　研究基础概述

原油对成品油价格的非对称性是指当原油价格上升时，成品油价格上升的速度和幅度比原油价格下降时成品油价格下降的速度和幅度来得迅速和强烈，Bacon(1991)称这种现象为"火箭和羽毛"，他利用英国 1982～1989 年的零售汽油价格数据构建二阶局部调整模型。研究发现零售汽油价格和成本之间存在非对称性，即零售汽油对原油成本价格上涨的反应比对原油成本下降的反应更快、更敏感。Karrenbrock(1991)根据美国 1983～1990 年的月度数据，对美国汽油批发价格和税后汽油零售价格的非对称性进行研究，通过建立分布滞后模型，发现当批发价格上涨时，零售价格对当月上涨的反应程度要大于当月下跌的反应程度，证实了短期内汽油批发价格和零售价格存在非对称性。Borenstein 等(1997)在汇总了美国汽油市场 1986～1992 年的周度和半月度数据的基础上，利用非标准不对称误差修正模型来研究汽油从生产到销售各个阶段的价格情况，发现在生产阶段原油价格的改变与当期汽油价格的涨跌和销售阶段汽油批发价格及零售价格之间都存在价格非对称性。Balke 等(1998)采用美国 1987～1996 年的周度数据，建立了两组模型来对汽油价格和原油价格的关系进行分析，结果发现这种价格非对称性在很大程度上取决于模型的选择，他们使用一阶差分序列模型(VAR in levels difference)进行分析时可以发现显著的不对称反应，而使用水平时间序列模型(level time sequence model)时并没有发现明显的价格不对称现象。Godby 等(2000)在研究了加拿大 1990～1996 年 13 个城市地区的汽油零售价格的周度数据后，在 E-G 两阶段方法的基础上建立了误差修正向量自回归模型，以此检验出原油价格与各城市汽油零售价之间不具有明显的价格非对称性。Johnson(2002)对美国 15 个城市成品油批发市场和零售市场进行分析，利用不对称误差修正模型发现了汽、柴油价格对原油价格变动的不对称现象，并且提出搜寻成本是影响汽、柴油价格调整速度的主要原因。Bachmeier 和 Griffin(2003)考察了美国 1985～1998 年的日度数据，构建了 E-G 两阶段不对称误差修正模型，研究结果发现地区汽油价格和原油价格波动的反应没有明显的非对称性。Kaufmann 和 Laskowski(2005)分析了美国 1986～2002 年国际原油、汽油等价格的数据，并且加入了汽油利用率和汽油库存两个变量，建立了不对称误差修正模型，得出原油和汽油之间的这种价格非对称性是有效市场生产条件下的正常现象。

我国学者回爽等(2006)利用不对称误差修正模型研究当原油价格变化时国内汽油价格的反应机制问题，结果表明当原油价格变化时，我国汽油价格表面上存在不对称反应现象，但在统计意义上并不存在显著的不对称反应。焦建玲等(2006b)选取 2001～2004 年的月度数据，同样采用了误差修正模型，检验了我国汽、柴油关于原油成本变化的非对称性问题，检验结果表明我国汽、柴油对原油成本上涨的反应快，但持续的时间短；对原油成本下降的反应慢，但持续的时间长。

　　从国内外相关学者的研究中可以看出，国外对原油价格和成品油价格非对称性的研究已经非常广泛，但得出的结果存在着显著差异。国内对相关问题的探讨并不多见，且大都停留在 2006 年之前；目前关于成品油定价机制改革后的这种非对称性的相关研究还相对较少，而成品油定价机制的改变其实带来了新的经济研究视角。本章研究是利用不对称误差修正模型来分析中国成品油和原油价格的对称关系，从而判断在新的定价机制下，成品油和原油价格之间是否存在不对称反应，为完善我国成品油定价机制提供理论支持。本章的研究有两个目的：一是通过对成品油定价机制实施前后的成品油和原油价格进行分析，来考察新的定价机制是否起到了调控油价的作用；二是通过运用不对称误差修正模型和 Wald 检验来探求我国成品油市场是否存在成品油不对称反应，为政府对当前定价机制的进一步改革和完善提供理论参考。

4.3　模型选择与数据处理

4.3.1　模型选择

　　本节采用不对称误差修正模型对我国成品油和原油价格进行分析。不对称误差修正模型是将误差修正模型一般化之后的模型。不对称误差修正模型是指即期 Y 正偏离某数值和负偏离某数值对下期 Y 变动的影响是不一样的。原油价格和成品油价格之间的误差修正模型可以表述为

$$\Delta y_t = \theta_0 \mathrm{ecm}_{t-1} + \sum_{k=0}^{m} \beta_k \Delta c_{t-k} + \sum_{k=0}^{n} \gamma_i \Delta y_{t-k} + \varepsilon_t \tag{4-1}$$

式中，y_t 为成品油价格；c_t 为原油价格；$\Delta c_t = c_t - c_{t-1}$，$\Delta y_t = y_t - y_{t-1}$，$\mathrm{ecm}_{t-1} = y_{t-1} - \phi_0 - \phi_{t-1}$；$\beta$、$\gamma$、$\theta$ 均为系数；ε_t 为误差修正项。

　　为了区分上涨与下跌，将原油价格上涨和下跌分别用 Δc_t^+ 和 Δc_t^- 表示，成品油价格的上涨和下跌分别用 Δy_t^- 和 Δy_t^+ 表示。这样成品油价格对原油价格正向与负向反应的非对称性的模型可以表述如下：

$$\Delta y_t = \theta_0 \mathrm{ecm}_{t-1} + \sum_{k=0}^{m} (\beta_k^+ \Delta c_{t-k}^+ + \beta_k^- \Delta c_{t-k}^-) + \sum_{k=1}^{n} (\gamma_k^- \Delta y_{t-k}^+ + \gamma_k^- \Delta y_{t-k}^-) + \varepsilon_t \tag{4-2}$$

$$\Delta c_t^+ = \max[\Delta c_t, 0], \quad \Delta c_t^- = \min[\Delta c_t, 0], \quad \Delta y_t^+ = \max[\Delta y_t, 0], \quad \Delta y_t^- = \min[\Delta y_t, 0]$$

为了检验系数 β_k^+ 和 β_k^-，采用了 Wald 检验法，即假设 $\beta_k^+ = \beta_k^-$，以此确定是否存在非对称性。如果 $\beta_k^+ > \beta_k^-$，则说明汽油价格对原油价格上涨的反应比对原油价格下降的反应强烈。

4.3.2　数据选取

各变量的设定与数据来源见表 4-2，是以 2009 年 5 月为节点分段进行研究的。

表 4-2　变量设定与数据来源

变量设定		数据来源
名称	定义	
Dao	定价机制实施前大庆原油现货价格(样本期 2006 年 1 月~2009 年 4 月，单位为美元/Bbl，样本个数 40 个)	美国能源信息署：https://www.eia.gov
Cho	定价机制实施前我国 0#柴油全国平均价格(样本期 2006 年 1 月~2009 年 4 月，单位为元/t，样本个数 40 个)	《国际石油经济》各期经济数据
Qio	定价机制实施前我国 93#无铅汽油全国平均价格(样本期 2006 年 1 月~2009 年 4 月，单位为元/t，样本个数 40 个)	《国际石油经济》各期经济数据
Dan	定价机制实施后大庆原油现货价格(样本期 2009 年 5 月~2011 年 7 月，单位为美元/Bbl，样本个数 27 个)	美国能源信息署：https://www.eia.gov
Chn	定价机制实施后我国 0#柴油全国平均价格(样本期 2009 年 5 月~2011 年 7 月，单位为元/t，样本个数 27 个)	《国际石油经济》各期经济数据
Qin	定价机制实施后我国 93#无铅汽油全国平均价格(样本期 2009 年 5 月~2011 年 7 月，单位为元/t，样本个数 27 个)	《国际石油经济》各期经济数据

大庆原油产量占全国同期陆上原油总产量的 40%以上，且大庆原油与布伦特和西得克萨斯轻质原油的价格大致趋同(图 4-1)，因此大庆原油的价格不仅代表了国内原油价格水平，而且能反映世界原油价格。本节为消除日价格波动剧烈对统

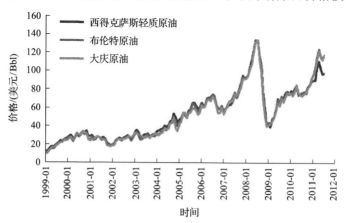

图 4-1　国际原油价格与大庆原油价格走势图

计结果造成的不利影响，选取美国能源信息署公布的大庆原油离岸价格（FOB）平均月度价格作为国内原油价格水平进行研究。我国成品油批发已经逐步市场化，零售价格比批发价格更能体现定价机制的调控作用，因此选择了全国 0#柴油和93#无铅汽油的全国平均零售价作为我国成品油价格水平。新的定价机制于 2009年 5 月开始实施，因此以此时间为分割点来考察新的成品油定价机制对原油和成品油价格非对称性的影响。

4.3.3 数据处理

　　由于国际国内单位不统一，需要对原始数据进行必要的处理。首先美国能源信息署公布的大庆原油的单位是 Bbl/美元，而我国油品的计量单位通常是元/t。根据国际石油网提供的《原油体积与重量单位换算表》可知，大庆原油换算系数=6.2900/0.8602=7.31（Bbl/t）。其次根据 IMF 提供的月度汇率数据汇总，将美元/t 折算成元/t。

　　从图 4-2 可以看出，2008 年 7 月～2009 年 1 月美国金融危机引发的全球经济增长减缓使石油需求的负面影响增强，导致我国原油价格大幅震荡下跌。除此之外，我国原油和成品油价格大致呈现出总体上升的趋势，变量之间可能存在协整关系，利用 E-G 两步法进行协整检验。

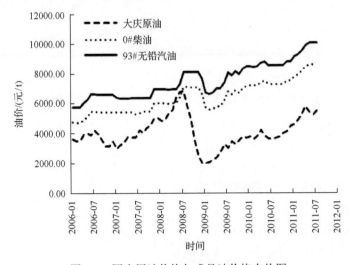

图 4-2　国内原油价格与成品油价格走势图

1. 平稳性检验

　　要检验时间序列的平稳性，通常在建立计量经济模型之前要对所采用的时间序列进行单位根检验，最常用的方法是 ADF 单位根检验。

对上述变量进行单位根检验，结果见表 4-3。这些变量的水平变量检验结果不能拒绝原假设，即水平变量是非平稳序列；一阶差分序列的检验结果全部小于 1% 水平临界值，所以一阶差分序列是平稳的，即以上各变量都是一阶单整序列。

表 4-3　原油与成品油价格单位根检验结果

变量	原油			成品油		
	水平变量	1%临界值	是否平稳	一阶差分	1%临界值	是否平稳
Dao	−1.929511	−4.356068	否	−5.770503	−4.374 307	是
Cho	−2.742150	−4.356068	否	−5.354917	−4.374 307	是
Qio	−2.416980	−4.356068	否	−5.187722	−4.374 307	是
Dan	−0.695408	−3.711457	否	−5.845641	−3.724 070	是
Chn	−1.630554	−3.711457	否	−5.478251	−3.724 070	是
Qin	−1.400834	−3.711457	否	−5.312714	−3.724 070	是

2. E-G 协整检验

根据 Granger 定理，两个具有协整关系的变量一定具有误差修正模型的表达形式存在。因此分别对四组变量进行普通最小二乘法分回归，并对回归方程残差进行单位根检验，结果见表 4-4。

表 4-4　原油与成品油 E-G 协整检验

变量回归	常数项	解释变量系数	残差单位根 T 检验值	5%临界值	是否平稳
Cho-Dao	5023.828	0.183331	−2.167934	−1.949856	是
Qio-Dao	6187.529	0.148000	−2.218902	−1.949856	是
Chn-Dan	4063.147	0.812000	−4.504233	−1.954414	是
Qin-Dan	5038.050	0.998000	−4.513184	−1.954414	是

由表 4-4 可以发现实施新的成品油定价机制后，原油价格的波动对成品油价格的影响增强。为了能够更加清晰地看出原油价格上涨与下跌对成品油价格的单独作用，引入不对称误差修正模型。根据 AIC 准则，选定定价机制实施前原油价格正向波动和负向波动滞后期均为 1，定价机制实施后正向波动滞后期取 1，负向波动的滞后期取 2。去掉系数不显著和不符合经济意义的变量，得到如下修正结果，详见表 4-5。

3. Wald 检验

对系数 β_k^+ 和 β_k^- 进行 Wald 检验。对原假设 $\beta_k^+ = \beta_k^-$ 进行检验后发现其在 10% 的水平临界值下拒绝原假设，即成品油和原油在新的定价机制下确实存在价格不对称现象。而且 $\beta_k^+ > \beta_k^-$ 成立，证实了成品油价格对原油价格上涨的反应比对原油成本下降的反映强烈这一论断。

表 4-5　原油与成品油价格不对称误差修正结果汇总

因变量	变量	系数	标准差	T 统计量	回归系数	F 统计量	DW 值
D(Cho)	C	31.27473	51.25629	0.610164	0.631720	10.97806	2.077878
	DDAU(−1)	0.289158	0.159362	1.814468			
	DDAD(−1)	0.001423	0.127912	0.011125			
	DCHD(−1)	0.022211	0.186331	0.119201			
	DCHD	0.977144	0.197309	4.952348			
	R(−1)	−0.038062	0.074648	−0.509886			
D(Qio)	C	47.39085	51.95736	0.912110	0.576662	11.23796	1.974818
	DDAU(−1)	0.267084	0.169185	1.578648			
	DDAD(−1)	0.024697	0.133989	0.184321			
	DQID	1.035215	0.205968	5.026100			
	R(−1)	−0.024305	0.080616	−0.301493			
D(Chn)	C	110.493100	59.61612	1.853409	0.810195	21.48918	1.616607
	DDAD	0.400562	0.180181	2.223108			
	DDAU(−1)	0.158859	0.311039	0.510736			
	DDAD(−1)	0.075754	0.189015	0.400783			
	DCHD(−1)	−0.153114	0.252491	−0.606413			
	R(−1)	−0.683701	0.215543	−3.171995			
D(Qin)	DDAD	0.101012	0.233854	0.431943	0.910836	—	1.575724
	DDAU(−1)	0.214965	0.312421	0.688060			
	DDAD(−1)	0.048848	0.239338	0.204098			
	DDAU(−2)	−0.164852	0.095794	−1.720888			
	DQIU	0.790659	0.339399	2.329586			
	R(−1)	−0.102777	0.120525	−0.852751			

注：C 表示系数；DDAD、DDAU 分别表示大庆原油价格的上涨和下跌幅度，DCHD 表示柴油上升幅度；DQID 表示汽油下降幅度；DQIU 表示汽油下降幅度；(−1)、(−2) 表示滞后期；R 表示秩。

2016 年成品油定价机制实施后误差修正模型系数检验结果如表 4-6 所示。

表 4-6　2016 年成品油定价机制实施后误差修正模型系数检验结果

参数		统计值	相伴概率
柴油部分	F 统计量	2.43508	0.0964
	χ^2	7.30524	0.0628
汽油部分	F 统计量	2.547481	0.0882
	χ^2	7.642442	0.054

4.4　基本结论与建议

4.4.1　相关结论

新成品油定价机制规定当国际市场原油连续 22 个工作日移动平均价格变化超过 4%时,可相应调整国内成品油价格。鉴于本章选取月度数据,同时选取滞后期为一期(30 天)的原油价格上涨和下跌反应系数进行比较。

(1)成品油定价机制在调控油价方面起到了一定作用(图 4-3)。从图 4-3 中可以看到当原油价格上涨时,柴油价格的反应系数从 0.28 下降到了 0.15,汽油价格的反应系数从 0.26 下降到了 0.21;原油价格下跌时,柴油价格反应系数由原来的接近于 0 提高到了 0.075,汽油价格反应系数也提高到了 0.05 左右,上涨和下跌造成的差距有所减小。

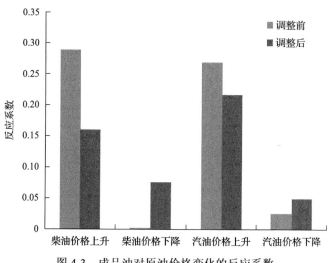

图 4-3　成品油对原油价格变化的反应系数

(2)实证结果表明我国原油价格的上涨和下跌具有非对称性,这与国际上大多数研究结果相吻合,除了存在价格刚性因素,与我国的垄断体制和定价机制也存在关联。我国石油市场基本处于中国石油、中国石化、中国海油三大寡头的垄断之下,市场化程度不高,当原油价格上升时,石油巨头很快将成本向外转移,即成品油价格迅速上涨。而 22 个工作日的调整周期过长,为国内的石油巨头提供了囤油或左右价格的空间,使成品油价格很难在短期内下降。因此,新的定价机制并没有从根本上解决我国油价涨多跌少的本质。原油价格上升引起的成品油价格上升的幅度仍大于原油下降时的造成的成品油价格下降的幅度,这与 2006~2011 年我国成品油价格上调了 13 次,仅下调了 6 次,在频率上也大致趋同。

(3)我国成品油零售价"易涨难落"现象与上调和下降起点的非对称性有密切关联。以成品油每桶 100 美元作为基准价，若上涨 4%，便符合了成品油的上调标准，石油企业要求上调油价的呼声就会提高；若以每桶 104 美元为基准，则需要下跌 4%，即跌至每桶 99.84 美元而不是 100 美元，石油企业才会考虑下调成品油价格。若再以 99.84 美元为基准油价，只要上涨 4%（即每桶 103.8336 美元），便又符合调价标准了。两相比较，油价第一次上调空间为 4 美元，而下调空间却为 4.16 美元，后者多出 0.16 美元，并且这个差距在基准价越高时越大。

(4)原油价格正逐步与世界油价接轨(图 4-1、图 4-2)。目前在中国的成品油市场上，中国石油、中国石化、中国海油三大石油巨头所占的市场份额在 90% 以上，完全控制了国内石油的勘探和开采及原油的进出口。这就导致其他小型油企及消费者根本就没有议价的能力。加之定价机制缺乏透明度，虽然成品油定价原则是以国际原油价格为基础，加成国内平均加工成本、税收和合理利润确定，但具体和哪个国际油价接轨，权重如何，国内平均成本、税收和合理利润是多少都从未公开，这都严重阻碍了我国成品油价格与国际油价接轨。因此，在国内成品油生产垄断还未破除、市场化的定价机制还未完全形成的情况下，带有政府干预的成品油定价是不可能与国际接轨的。

4.4.2　政策建议

对于国内成品油市场上只涨不跌的讨论由来已久，本章利用不对称误差修正模型进行实证分析，对比了定价机制改革前后成品油价格变动对原油价格变动幅度的影响，在某种程度上肯定了新的成品油定价机制的积极作用，同时运用 Wald 检验证实目前我国成品油市场确实存在价格不对称反应现象。由于数据获得的问题，本章暂时只考虑月度数据的情况，在滞后期的选择上存在一定的延迟。由于样本容量有限，利用本章所述模型获得的结果可能因数据长度、频率等因素影响产生偏差。因此在数据允许的条件下希望能够获得我国以周为间隔的价格数据，在更长的数据序列的支持下，检验国内成品油的价格反应情况，以获得结论的普适性。

综合来看，充分理顺我国成品油定价机制，不是一蹴而就的事情，必须充分考虑国际、国内的大环境和市场参与状况，特别是要逐步改变当前我国成品油批发和零售行业的寡头垄断状况。在当前这种不公平竞争状况下，盲目缩短调价周期和减小调价幅度会给市场带来频繁波动风险，使市场运行低效，增加成品油价格不能合理反映市场的真实需求的风险。因此，放低市场门槛，引入市场竞争，逐渐培育良好的竞争性市场，然后再逐步推进定价机制改革，才是完善我国成品油定价机制的正确选择。

4.5　国际原油价格、黄金价格、美元指数的互动关系研究

期货市场在经济商品金融证券化的过渡过程中的作用非常显著,而石油期货市场发展得异常快速。作为最有影响力的实物资产和货币,石油、美元和黄金的关系的研究越发重要。作为金融交易的基础货币,美元的地位相当稳固,而黄金是公认的硬通货,两者都具有重要的金融属性。作为重要的战略资源,石油的地位毋庸置疑,并且其金融化程度日益加深,成为期货市场上金融机构的重要标的。美国商品与期货交易委员会 2008 的报告称,2010~2015 年,石油期货价格的交易头寸增加了 6 倍,全部头寸增加了 3 倍。所以说,美元指数、黄金价格、石油价格在很大程度上成为国际金融市场波动的重要参数。当美元成为国际原油价格唯一的结算货币和国际黄金市场上的主要标价货币时,国际原油市场价格的波动和黄金市场黄金价格的波动就与美元的币值变化密不可分,这三者的关系也就变得越发具有理论意义和现实意义。同时在 2002 年之后,因为国际形势发生了新的变化,石油储备的战略地位越来越重要,中国也着手建立了石油储备制度。在这种背景下,传统的供需决定的影响正在逐步下降,黄金市场的变化和美元的总体性贬值对于国际石油价格的关联性逐步加深,金融市场对于石油价格的影响已经成为一个基本因素。

4.5.1　趋势性描述

美元指数是综合反映美元在国际外汇市场汇率情况的指标。一般来说,美元指数上涨意味着美元升值,石油和黄金等国际上主要以美元计价的商品的价格就会下跌;反之,则美元贬值,石油和黄金等国际上主要以美元计价的商品的价格就会上涨。国际油价的变化除了受基本的供求关系影响外,还受美元汇率、投机等因素的扰动。美元汇率的变化对于油价的波动影响不容忽视,2010 年美元持续贬值,造成国际市场美元的抛售,投机商为了规避风险将美元兑换成黄金等保值率高的金融产品,由此必然会带动黄金价格的波动,而这又会带动油价的波动。

纵观整个国际市场(图 4-4),从 2002 年开始,黄金价格就突破了 300 美元/floz[①]的大关,一直不断地在波动中上升,进入了黄金的"大牛市"时代。国际原油价格在 2006~2010 年的涨落起伏之大,波动程度之剧烈,均创下了历史之最。2007年初原油价格先是连续大幅下跌至 52 美元/Bbl,但随后经过几番波动,在 2008年 6 月,原油价格创下了 133.88 美元/Bbl 的历史最高位。随着由美国次贷危机引发的波及多个国家的全球性金融危机的到来,国际原油市场也受到了牵连,原油价格一路狂跌,在 2009 年 2 月下旬,原油价格跌至 39.09 美元/Bbl。随着全球经济的回暖,原油价格才又不断上升。

---

① 1floz(UK)=2.84131×10^{-2}dm^3。

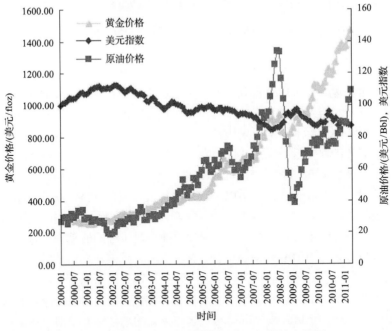

图 4-4　原油价格、黄金价格和美元指数的走势图

4.5.2　数据选取及处理

本节的原油价格、黄金价格和美元指数都是选取 2000 年 1 月～2011 年 4 月的月度数据，共有 408 个数据，原油价格采用的是具有代表性的西得克萨斯州原油现货价格（West Texas crude oil spot price），序列名称为 oil；黄金价格采用的是世界黄金协会（WGC）的价格，序列名称为 gold；美元指数的数据来源于纽约棉花交易所（NYCE），序列名称为 usdx。为了消除时间序列数据的异方差性，对选取的数据进行自然对数的处理，所以将原油价格、黄金价格和美元指数取对数后的形式分别为 ln(oil)、ln(gold) 和 ln(usdx)。本节对数据的处理及计算主要利用 Eviews 6.0 软件。

4.5.3　单位根检验

在时间序列数据的回归分析中，应先对各变量的时间序列进行平稳性检验，也就是单位根检验。本节采用 ADF 的方法来进行单位根检验，分别检验每个变量的时间序列数据的零阶和一阶差分形式，滞后期数的选择根据 SIC 准则来确定，检验形式中的 C、T、K 分别代表单位根检验中包含的截距项、趋势项和滞后项，D 表示差分算子，检验结果见表 4-7。

表 4-7　单位根检验结果

变量	检验形式	ADF 值	1%临界值	5%临界值	结论
ln(oil)	(N，N，1)	0.806	−2.582	−1.943	不平稳
ln(gold)	(N，N，0)	3.751	−2.582	−1.943	不平稳
ln(usdx)	(N，N，1)	−0.766	−2.582	−1.942	不平稳
D[ln(oil)]	(C，T，0)	−8.807	−4.028	−3.444	平稳
D[ln(gold)]	(C，T，0)	−11.463	−4.028	−3.444	平稳
D[ln(usdx)]	(C，T，0)	−9.153	−4.028	−3.444	平稳

注：N 表示没有相应的项；C 表示有截距项；T 表示有趋势项。

由表 4-7 可见，原油价格[ln(oil)]、黄金价格[ln(gold)]和美元指数[ln(usdx)]均具有单位根，也就是说三个时间序列数据均是不稳定的。但是对它们分别进行一阶单位根检验，发现三个变量都是一阶单整序列，分别记为 ln(oil)~I(1)、ln(gold)~I(1)和 ln(usdx)~I(1)，满足协整检验的前提。

4.5.4　协整分析

在单位根检验中得到三个变量[ln(oil)、ln(gold)、ln(usdx)]都是一阶单整的，那么在做线性回归之前可以对各个变量进行 E-G 法协整检验来验证各变量之间是否存在长期均衡关系。首先，对 ln(oil)、ln(gold) 和 ln(usdx)两两之间进行最小二乘法估计，得到三个变量两两之间的长期均衡方程。其次，检验各残差序列的平稳性，对各残差序列进行 ADF 检验，用得出的 T 统计量和 0.1 水平下协整检验的临界值进行比较，如果 T 统计量小于临界值，则协整回归的两个变量存在着协整关系；反之，则不存在协整关系。协整检验结果如下所述。

1. 原油价格和黄金价格的协整关系分析

首先进行最小二乘法估计得原油价格和黄金价格的长期均衡方程：

$$\ln(oil) = -1.187640 + 0.809523\ln(gold) \tag{4-3}$$

$$t = (-4.873127)(20.90753)$$

$$R^2 = 0.765375, \quad n = 136, \quad F = 437.1246$$

式中，t 为 T 统计量；R^2 为可决系数；n 为样本数；F 为 F 统计量。

ln(gold) 前的系数为正，与图 4-4 中的观测结论一致，符合现实的经济意义。回归方程中 ln(gold) 的 T 统计量较高，可决系数为 0.765375，说明模型的拟合优度较高。所以进一步对回归方程的残差项做 ADF 单位根的平稳性检验，ADF 检验结果见表 4-8。

表 4-8　残差序列 e_{1t} 的单位根检验结果

ADF 统计值	0.1 显著水平的临界值
−3.37	−3.09

由表 4-8 结果可知，ADF 统计值(−3.37)小于 MacKinnon(1991)双变量协整检验 0.1 显著水平的临界值(−3.09)，所以残差序列 e_{1t} 是平稳的，即原油价格[ln(oil)]和黄金价格[ln(gold)]之间存在着协整关系。

由式(4-3)不难发现，黄金价格对原油价格的弹性为 0.809523，黄金价格每上涨 1%，原油价格会上涨 0.81%，这表明黄金价格对原油价格的影响是比较显著的。

2. 原油价格和美元指数的协整分析

原油价格和美元指数的长期均衡方程：

$$\ln(oil) = 29.47533 - 5.580213\ln(usdx) \tag{4-4}$$

$$t = (32.62726)(-28.32581)$$

$$R^2 = 0.856891, \quad n = 136, \quad F = 802.3516$$

ln(usdx)前的系数为负，与图 4-7 中的观测结论一致，与现实的经济意义相吻合。回归方程中 T 统计量的绝对值都较高，可决系数为 0.856891，说明模型的拟合优度很高。进一步对回归方程的残差项做 ADF 单位根的平稳性检验，ADF 检验结果见表 4-9。

表 4-9　残差序列 e_{2t} 的单位根检验结果

ADF 统计值	0.1 显著水平的临界值
−4.46	−3.09

由表 4-9 知，ADF 统计值小于 MacKinnon 协整检验表中的 0.1 显著水平的临界值，所以残差序列 e_{2t} 是平稳的，即 ln(oil) 和 ln(usdx) 之间存在着协整关系。

由式(4-4)可知，美元指数每上升 1%，原油价格就会相应地降低 5.58%，所以美元指数对原油价格具有显著的影响。

3. 黄金价格和美元指数的协整检验

黄金价格和美元指数的长期均衡方程：

$$\ln(gold) = 33.26408 - 5.886949\ln(usdx) \tag{4-5}$$

$$t = (30.09384)(-24.42317)$$

$$R^2 = 0.816562, \quad n = 136, \quad F = 596.4911$$

$\ln(\text{usdx})$ 前的系数为负，与图 4-7 中的观测结论一致，符合现实的经济意义。回归方程中 T 统计量的绝对值都较高，可决系数为 0.816562，说明模型的拟合优度比较好。进一步对回归方程的残差项做 ADF 单位根的平稳性检验，ADF 检验结果见表 4-10。

表 4-10　残差序列 e_{3t} 的单位根检验结果

ADF 统计值	0.1 显著水平的临界值
−2.58	−3.09

由表 4-10 可知，ADF 统计值大于 MacKinnon 协整检验表中的 0.1 显著水平的临界值，所以残差序列 e_{3t} 是非平稳的，即 $\ln(\text{oil})$ 和 $\ln(\text{usdx})$ 之间不存在长期均衡关系。

4.5.5　向量误差修正模型分析

根据协整检验的结果可知，原油价格与黄金价格、原油价格与美元指数都呈 (1，1) 阶协整关系，即两变量间都存在着长期稳定的均衡关系。所以由此建立它们的误差修正模型。

1. 原油价格[$\ln(\text{oil})$]与黄金价格[$\ln(\text{gold})$]的 ECM 模型

回归结果为

$$\text{Dln(oil)} = 0.451969[\ln(\text{gold})] + 0.269038\text{D}[\ln(\text{oil})(-1)] + 0.17913\text{D}[\ln(\text{gold})(-1)] \\ - 0.085762e_{i,t-1} \tag{4-6}$$

$$t = (2.488763)(3.238088)(0.95437)(-2.753148)$$

$$R^2 = 0.787541, \quad \text{DW} = 2.114180$$

由于式 (4-6) 中的 D[$\ln(\text{gold})(-1)$] 的 T 统计量没有通过检验，删除 D[$\ln(\text{gold})(-1)$] 这个变量，重新进行 ECM 模型估计：

$$\text{Dln(oil)} = 0.467652[\ln(\text{gold})] + 0.28923\text{D}[\ln(\text{oil})(-1)] - 0.090042e_{i,t-1} \tag{4-7}$$

$$t = (2.586615)(3.600988)(-2.921956)$$

$$R^2 = 0.781131, \quad \text{DW} = 2.154179$$

由上面的回归结果可知，模型拟合优度较高，方程也通过了杜宾-沃森 (DW) 检验，所以残差项不存在异方差和自相关性。D[$\ln(\text{gold})$]、D[$\ln(\text{oil})(-1)$]、$e_{i,t-1}$ 的回归系数通过了 T 检验, 其中变量的符号与长期均衡关系的符号一致, 误差修正系数为负, 符合反向修正机制。回归结果表明, 黄金价格的短期变动对原油价格存在着正向影响, 本期黄金价格每上涨 1%, 本期原油价格将上涨 0.468%; 上一期原油价格的短期变动对本期原油价格存在正向影响, 上一期原油价格每上涨 1%, 本期原油价格将上涨 0.289%; 此外, 短期调整系数是显著的, 它表明每个月实际发生的原油价格与长期均衡值的偏差中的 8.576% 被修正, 另外因数 (0.085762) 较小, 说明调整力度不是很大, 即对于原油价格短期的波动, 通过黄金价格与原油价格之间的长期均衡机制进行自动调节是非常缓慢的、较长的时间过程。

2. 原油价格 $[\ln(\text{oil})]$ 与美元指数 $[\ln(\text{usdx})]$ 的 ECM 模型

回归结果为

$$\text{Dln(oil)} = -1.584698[\ln(\text{usdx})] + 0.279743\text{D}\big[\ln(\text{oil})(-1)\big] - 0.132839\text{D}\big[\ln(\text{usdx})(-1)\big]$$
$$= -0.163803e_{i,t-1}$$

$$(4\text{-}8)$$

$$t = (-3.093220)(3.486059)(-0.246727)(-4.012144)$$

$$R^2 = 0.769321, \quad \text{DW} = 2.101725$$

由于式 (4-8) 中的 $\text{D}\big[\ln(\text{usdx})(-1)\big]$ 的 T 检验缺乏显著性, 将这个变量从式 (4-8) 中删除, 重新估计 ECM 模型如下:

$$\text{Dln(oil)} = -1.616739\text{D}[\ln(\text{usdx})] + 0.284795\text{D}\big[\ln(\text{oil})(-1)\big] - 0.16554e_{i,t-1} \quad (4\text{-}9)$$

$$t = (-3.274063)(3.683783)(-4.256000)$$

$$R^2 = 0.785642, \quad \text{DW} = 2.102559$$

由式 (4-9) 结果可知, 模型拟合得比较好, 方程通过了 DW 检验。$\text{D}[\ln(\text{usdx})]$、$\text{D}\big[\ln(\text{oil})(-1)\big]$、$e_{i,t-1}$ 的回归系数通过了 T 检验, 其中变量的符号与长期均衡关系 (式 4-3) 的符号一致, 误差修正系数为负, 符合反向修正机制。回归结果表明, 美元指数的短期变动对原油价格存在着负向影响, 本期美元指数每上涨 1%, 本期原油价格将下跌 1.617%; 上一期原油价格的短期变动对本期原油价格存在正向影响, 上一期原油价格每上涨 1%, 本期原油价格将上涨 0.285%; 此外, 由于短期调整系数是显著的, 它表明每个月实际发生的原油价格与长期均衡值的偏差中的 16.554% 被修正。

4.5.6 Granger 因果检验

协整分析揭示了变量之间是否存在着长期稳定的协整关系，但是协整关系存在并不意味着变量之间存在着必然的因果关系，是否构成因果关系需要进一步验证。因果关系是指变量之间的依赖性。在一个回归关系中，无法确定变量之间是否具有因果关系，此时，用 Granger 因果检验来验证各变量间是否存在因果关系。Granger 因果检验的实质是检验当一个变量的滞后值引入方程后是否可以显著提高另一个变量的被解释程度，如果可以显著提高，则称该变量是另一个变量的 Granger 原因。原油价格与黄金价格的 Granger 因果检验结果见表 4-11，原油价格与美元指数的 Granger 因果检验见表 4-12。

表 4-11　原油价格与黄金价格的 Granger 因果检验结果

原假设	观察值	F 统计量	概率
黄金价格不是原油价格的 Granger 原因	134	4.42030	0.0139
原油价格不是黄金价格的 Granger 原因		0.34262	0.7106

表 4-12　原油价格与美元指数 Granger 因果检验结果

原假设	G	F 统计量	P 统计量
美元指数不是原油价格的 Granger 原因	134	7.1794	0.0011
原油价格不是美元指数的 Granger 原因		1.5543	0.2153

由检验的结果（表 4-11）可知，在 1%显著水平下，拒绝了黄金价格[ln(gold)]不是原油价格[ln(oil)]的 Granger 原因的假设，同时，接受原油价格[ln(oil)]不是黄金价格[ln(gold)]的 Granger 原因的假设。也就是说，黄金价格是原油价格的 Granger 原因，而原油价格不是黄金价格的 Granger 原因。表明黄金价格的升高会促进原油价格的升高，但是原油价格的升高并不会引起黄金价格的升高。

由表 4-12 可知，在 1%显著水平下，拒绝了第一个假设，接受了第二个假设，也就是说，美元指数[ln(usdx)]是原油价格[ln(oil)]的 Granger 原因，而原油价格[ln(oil)]不是美元指数[ln(usdx)]的格兰杰原因。原油价格和美元指数之间的因果关系是单向的。

4.5.7 基本结论

本节通过对 2000～2011 年的国际原油价格、黄金价格及美元指数的动态关系进行实证研究和分析，得出以下主要结论。

(1)通过单位根检验可以得到，国际原油价格、黄金价格和美元指数都是不稳定的时间序列，但是这三个变量都是一阶单整的。所以通过协整检验得出，原油价格和黄金价格、原油价格和美元指数存在着协整关系，但是黄金价格和美元指数不存在稳定的协整关系。这说明国际原油价格与黄金价格、美元指数之间存在着长期均衡的联动关系，可以通过黄金价格和美元指数来预测和判断原油价格。但是，由于黄金价格与美元指数的协整关系不存在，黄金价格不能作为预测美元指数变化的因素，美元指数也不能用来预测黄金价格。

(2)通过误差修正模型的分析可知，黄金价格和美元指数对国际原油价格的影响主要体现在短期变动，长期的影响不大明显。

(3)通过 Granger 因果检验，发现黄金价格和美元指数都是原油价格的 Granger原因。所以原油价格与黄金价格、原油价格与美元指数之间不仅存在着长期稳定的均衡关系，还存在着必然的因果关系。

虽然影响原油价格的因素非常多，仅用黄金价格和美元指数的变化来分析显然不够全面，但是它们之间存在的这种联动关系能够给原油价格的预测和判断提供更好的依据。

4.5.8　政策建议

(1)根据黄金价格与国际原油价格之间的正相关关系，可以考虑用黄金价格的走势来预测原油价格的走势，从而更好地规避原油价格波动带来的风险，为我国原油进口企业减少损失。原油价格上涨一般情况下会带动黄金价格上涨，而黄金价格的这种变化实际上是一种应对经济形式的避险策略。一般情况下，在经济形势发展的不同周期，黄金价格的变化与经济形势是一种反向的关系。若经济形势恶化，短期资本会退出投机性质较强的期货市场从而转向保值能力较强的黄金市场，则黄金价格会上涨。通过这种黄金价格与石油价格的关系，可以更好地规避石油价格波动带来的风险。

(2)根据美元指数对国际原油价格的影响，可以考虑利用我国巨额的美元外汇储备，建立石油储备、黄金储备和美元储备的制衡机制，从而降低巨额外汇储备带来的风险。截至 2016 年 3 月底，我国外汇储备已经超过 3 万亿美元。相比之下，黄金储备却很少，从 2002 年 12 月起一直维持在 1929 万盎司(约合 600t)不变，到2010 年也刚刚超过 1000 吨黄金储备。根据 IMF 2009 年初的统计，中国官方黄金储备在公布的 102 个国家中处于 82 位，外汇储备中的黄金储备低于 1%，世界上只有 20 个国家这一比例低于 1%。相对于美国的 78.2%、欧盟的 50%左右的黄金储备比例，我国的差距是显而易见的。中国应当利用充足的外汇储备和国际黄金市场的剧烈波动，实现黄金储备的快速增长。与此同时，2006~2011 年国际原油价格在波动中总体呈下降的趋势，中国可以考虑利用外汇储备购买大量石油，作为一种储备。这种外汇储备的多元化，不仅可以分散风险，而且对于中国的石油短缺问题、国际货币市场的话语权都是大有裨益的。

第5章 国际原油价格波动对我国宏观经济的传导与影响

本章对国际原油价格波动对我国宏观经济的影响的代表性研究成果进行分析和评述，从定性角度分析国际原油价格波动的传导机制，理清油价波动与产出、CPI、货币供给和利率的关系；通过建立 SVAR 模型以月度数据为样本分析 2007年市场开放前后国际原油价格上涨影响我国主要宏观经济变量的动态特征和作用机制；具体考量国际油价波动石油税收行业的影响。

5.1 引　言

石油作为现代工业的"血液"，对一个国家和地区的经济发展起着至关重要的作用。20 世纪 70 年代和 80 年代的两次大规模的石油危机使全球经济蒙受巨大损失，原油价格的涨落牵动着世界经济的神经。历史数据表明几乎每一次油价的大幅波动都会造成全球性的经济衰退，图 5-1 清晰地反映出了这种负相关关系。2007年之后国际原油价格的波动频率和幅度远远超出了人们的预期，WTI 价格迅速飙升至 150 美元/Bbl，全球金融危机的爆发彻底终结了油价泡沫，原油价格迅速跌落至 35 美元/Bbl。各国政府经济援助政策的实施，加大了对经济的刺激力度，全球经济缓慢复苏，WTI 价格在 2009 年 1 月触底反弹至 80 美元/Bbl。2010 年 5 月欧洲债务危机全面爆发，油价一度回落至 2009 年 4 季度水平。进入 2011 年，受

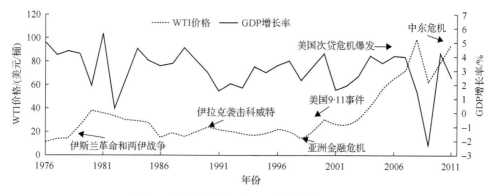

图 5-1　原油价格与世界经济增长之间的关系

资料来源：WTI 价格来自美国能源情报署；世界 GDP 增长率来自世界银行数据库

叙利亚战争、伊朗核问题等中东动荡局势的影响，世界原油价格进一步走高。与世界原油价格的上涨→下跌→上涨趋势不同，世界 GDP 增长率经历了与之相反的下跌→上涨→下跌的走势。

随着经济的快速发展和工业化进程的不断推进，我国对原油的需求量持续上涨。我国是世界第五大石油产出国，但也是世界第二大石油消费国，国内巨大的原油消费量远远超出了本国生产极限，具体比较如图 5-2 所示。中国经济的发展越来越依靠原油进口，这是我国原油进口依存度逐年递增的根本原因。近几年我国原油对外依存度频频超过 50%的国际警戒水平，意味着我国原油消耗由先前主要靠国内保障，转为主要靠进口满足，我国的原油需求存在严重缺口，因此可以说国际原油价格的大幅涨落对我国宏观经济有着很强的制约作用。

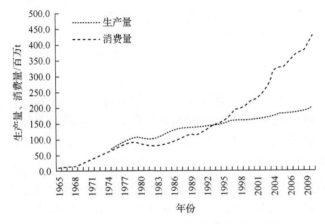

图 5-2　1995～2010 年中国原油产量和消费量

资料来源：《国际石油经济》各期统计数据和国泰安数据库

5.2　相 关 研 究

5.2.1　相关理论

1. 供给冲击理论

以 Rasche 和 Tatom（1977）、Barro（1984）为代表的供给冲击理论从总供给的角度，把石油看作生产的基本投入要素，生产资料成本、产出和劳动力工资等都会受到国际油价波动的影响。原油稀缺性增强导致油价上涨，因此生产要素成本提高，企业不得不减少投入，由此造成总产出降低，劳动生产率下降，实际工资减少；由于名义工资具有向下黏性，企业只能减少劳动力来降低成本，这进一步增加了失业率并减少了产出。石油供给的减少会导致总供给曲线向左上方移动，因此均衡产出减少、物价上升、通货膨胀率上升。

供给冲击主要从两个方面解释了原油价格波动给经济带来的影响：一方面是油价波动对经济体各行业产生的影响；另一方面是油价波动对社会消费产生的影响。首先，石油作为经济体石油产业链中的上游原材料，其价格波动会通过经济体中产业链的传导影响到上游油气开采业、中游炼油化工业及下游化工产品制造业等。当原油价格波动时，以原油为主要产出品的石油产业链上游企业，以及石油开采技术及服务行业，都会受到直接影响。而对于炼油化工业来说，油价上涨使企业的成本增加，从而影响该企业甚至该行业的经济效益。对于化工产品制造业，油价上涨导致的成本增加，将会被转嫁到下游相关产业。另外，油价波动也会对使用石化产品的行业产生影响，如煤炭、电力交通运输、纺织服装等行业。同时，油价波动还会间接影响各个产业的生产和发展，逐渐影响居民日常生活成本。

其次，原油价格上涨会减少企业生产所需原材料和劳动投入，导致产出减少，总供给水平也随之降低。企业产出减少会降低劳动力实际工资水平，从而使社会消费需求降低，经济出现衰退。Lilien (1982)、Loungani (1986) 和 Hamilton (1988) 认为劳动力资本会因原油价格的波动进行再分配，能源开采部门会因油价上涨而增加劳动力需求，而能源密集型部门会相应减少劳动力需求。劳动力资本在不同部门的再分配短期内实现很难，因此在再分配过程中会出现失业率上升、资源利用率低的情况，最终会造成经济衰退。Carruth 等 (1998) 通过工资效率模型说明劳动力的均衡工资受原材料投入的影响。当油价上涨时，石油中下游产业会减少原材料投入，劳动力需求也随之降低，由此造成产出减少，均衡工资降低，社会消费需求也相应减少，最终造成经济衰退。由此失业率上升，劳动力工资和物价水平也随之降低，造成经济衰退，且名义工资的向下黏性会使工资调整缓慢，因此经济调整速度也很慢。在经济回到均衡点后，虽然实现了充分就业，价格水平也回到了冲击前的均衡水平，但因失业的同时工资下降，冲击后的真实工资低于冲击前。

2. 收入转移理论

收入转移理论从总需求的角度，解释了国际油价波动会通过原油国际贸易影响一国的国际收支情况，从而对一国经济产生影响。Fried 和 Charles (1975) 提出在国际石油交易中，油价上涨会增加石油出口国的财富，而石油进口国财富会相应减少，因此石油出口国的消费需求上升，而石油进口国的消费需求下降。一旦石油出口国消费需求的上升幅度小于石油进口国消费需求的下降幅度，则世界经济会因总消费需求的下降而衰退。由于石油进口国消费需求下降，石油进口国物价水平也会随之下降从而实现市场均衡。但是商品价格具有向下黏性，这会降低产出水平。油价上涨会导致石油进口国国际支出增加，GDP 通过乘数效应成倍降低。另外，油价上涨会使石油进口国生产投入增加，促进经济增长。因此，石油进口国国际收入减少，国民储蓄资金供给减少，利率上升，而石油出口国则相反。

3. 货币渠道理论

货币渠道理论解释了货币政策因国际油价波动而调整一国的利率和汇率，从而影响该国的宏观经济(Segal，2007)。为避免油价冲击导致的通货膨胀，政府会采取紧缩货币政策，而这样会加剧一国经济的衰退(Hoover and Perez，1994；Bernanke et al.，1997)。油价上涨迫使货币当局通常选择调整利率来应对。由于油价上涨增加了名义货币需求量，当货币供应量不变时，市场中真实货币量减少，货币当局会提高利率，会导致投资成本增加、投资需求降低，产出水平也随之降低。同时，油价上涨增加了生产成本和商品价格水平。当货币供应量保持不变时，会减少消费需求，最终导致经济衰退。根据 IS-LM 模型理论，IS 曲线描述的是商品市场处于均衡状态下的利率与国民收入组合的点的轨迹；LM 曲线描述的是货币市场均衡下的货币供给曲线。货币政策的调整首先影响利率，其次影响货币总需求。当货币供给量减少时，利率上升，投资支出减少，总需求降低，从而降低了均衡产出。

汇率波动受到国际油价波动的影响主要是因为国际石油贸易通常以美元结算，加之石油不仅具有商品属性还具有金融属性。油价波动通过影响石油进口国与出口国之间的外贸收支和外汇储备，从而影响汇率市场的供求关系。对于石油净进口国来说，油价上涨使企业生产要素成本增加，因此提高了商品的价格水平，导致通货膨胀。由此，国内市场的物价水平提高会在一定程度上削弱国内商品在国际市场上的竞争力，导致外贸收入减少。另外，实际利率的降低刺激了本国资本流向国外，减少了国内投资，本国货币贬值。反之，使石油出口国货币升值。

4. 市场配置理论

市场配置理论解释了油价波动会迫使市场机制和政府调控机制对资源进行重新配置，从而影响消费需求和投资需求，最终影响一国宏观经济的运行。从消费需求方面来说，油价上涨首先会降低产出水平，提高物价水平，国民收入也会随之降低，使消费需求降低(Hamilton and Herrera，2004)。其次，油价上涨增加了未来油价的不确定性，企业和个人会因此减少投资或消费需求，导致经济衰退。再次，油价上涨还会增加企业生产和居民生活的成本，国民收入因油价上涨而减少，物价水平的上升降低了居民福利和社会总福利。最后，油价持续上涨会给消费者的心理造成巨大影响，从而抑制居民的消费需求。

　　从投资需求方面来说，投资需求受到市场、政策因素影响很大，而油价波动会对市场造成直接影响，同时诱发政府出台宏观调控政策，由此对投资需求产生影响。油价波动使边际生产成本增加，同时居民消费支出减少，从而使对非固定资产投资的需求降低。Bernanke(1983)、Dixit 和 Pindyck (1995) 及 Kilian (2008) 均认为油价的不确定性会降低企业的投资需求。Kilian 和 Park (2009) 证明需求驱动的油价上涨会造成股市长期持续上涨，而石油投资性需求或库存调整导致的油价上涨会导致股市短期持续下跌。另外，油价波动会引起投资者对通货膨胀和资本收益预期的变化。一方面，油价上涨会产生通货膨胀，货币当局为稳定物价会提高利率，由此企业的融资成本增加，企业的投资需求降低，这在一定程度上会对股市产生负面影响。另一方面，油价的不确定性增加了资本收益的不确定性，提高了石油期货市场的投资贴现率，增加了石油期货市场的资金投入，减少了资本市场的资金投入，从而损害了虚拟经济，最终会影响到实体经济。

5.2.2　研究现状

　　石油价格冲击与经济增长关系的经验分析结果引发了有关传导机制的研究，很多文献提出了不同的传导路径并进行了理论阐述和实证检验。

　　20 世纪七八十年代发生的两次大规模石油危机，造成世界主要石油消费国出现了严重的经济萧条，这大大激发了人们对原油价格波动与宏观经济互动关系的探索。在早期研究中，Rasche 和 Tatom (1977)、Darby (1982)、Hamilton (1983) 等学者研究证实了原油价格和经济增长呈负相关，其中具有较大影响力的是 Darby (1982) 和 Hamilton (1983)。Darby (1982) 检验了石油价格冲击对实际收入的影响，在引入出口、汇率和货币供给等变量的间接效应后，发现石油价格波动与国家实际收入之间存在统计显著的负相关性。Hamilton (1983) 运用 VAR 方法检验了第二次世界大战之后包括第二次全球性石油危机后的油价、GNP 和失业等数据，发现石油价格的剧烈上涨几乎诱发了第二次世界大战之后(除 1960 年以外)每一次的经济衰退，为国际原油价格波动与美国实际产出活动的负向关联做出定论。

　　随后对有关石油价格冲击的宏观经济影响的研究逐步扩展到了美国以外的其他国家，众多学者支持上述观点。例如，Mork 等 (1994) 以美国、加拿大、日本、德国等七个 OECD 国家为样本，将油价分为上涨与下跌进行非对称性研究，证实原油价格与 GNP 呈负相关成立；Papapetrou (2001) 使用误差修正模型以 1984 年 1月～1999 年 9 月的月度数据为样本探讨了能源高度依赖国家——希腊的石油价格波动与其股市收益、利率等经济活动的关系，研究表明油价波动给工业产出带来了负面冲击并且能够很好地解释股价变动。

在对国际原油价格和经济负相关性进行实证研究的同时，西方学者一直对这种负相关性产生的原因进行探索。在市场经济下供求关系决定了石油价格波动，石油价格上涨会加速财富和购买力转向石油进口国。伴随着石油价格上涨，货币需求量也会相应增加，政府当局会采取紧缩性的货币政策进行调控，这就是供给冲击效应、收入转移效应、货币需求效应和货币政策效应（表 5-1），正是上述效应的累积作用造成了经济衰退。

表 5-1　相关研究概括表

效应	主要代表人物	研究角度
供给冲击效应	Rasche 和 Tatom(1981)；Barro(1984)	油价波动对产出的直接影响
收入转移效应	Fried 和 Charles(1975)	油价上涨导致收入从石油进口国转移至石油出口国
货币需求效应	Pierce 和 Enzler(1974)；Mork(1994)	石油价格上涨会带来货币需求量的变化
货币政策效应	Bohi(1991)；Bernanke 等(1997)	石油价格上涨后政府的货币政策作用

2007 年 4 月以来受中东局势紧张和美国汽油库存持续下降等因素影响，国际原油价格大幅上涨，西方学者围绕国际油价波动对经济影响的路径及作用机制等方面进行了更为深入的探索。Segal(2007)研究发现石油价格上涨通过货币渠道从两个方面影响宏观经济，一方面，带动总体价格水平上涨，导致真实货币余额减少；另一方面，间接导致利率提高，使得真实经济遭受较大的负面冲击。Cologni 和 Manera(2008)以英国、德国、意大利等 G7 国家 1980 年第一季度~2003 年第三季度的 GDP、利率、消费价格指数、货币供给(广义货币(M2))与 Brent 原油价格建立 SVAR 模型，结果表明除日本和英国外其他发达国家的 GDP 与国际原油价格及货币变量之间的关系都为反向关系。Kormilitsina(2011)通过动态随机一般均衡模型研究了油价上涨时，货币政策对美国宏观经济的影响，结果显示货币政策是美国经济衰退的主要原因。当油价上涨时，国家应同时提高通货膨胀率和利率的货币政策，缓解油价波动对经济的冲击。

随着我国原油价格与世界接轨，国际原油价格波动对我国经济影响的研究也逐步得到国内学者的重视。国内学者大致从定性和定量两个角度对这一问题进行探讨：定性分析主要分析国际油价波动对我国宏观经济的传导机制；定量分析主要通过建立计量经济学模型实证研究国际原油价格波动对宏观经济的影响。定性研究的文献较为广泛。例如，沈志军(2004)认为当前国际原油价格波动是供求关系和国际政治经济关系变化的结果，并从产业链和国际收支平衡层面研究了这种波动对国内经济造成的冲击，提出加快对石油替代资源的开发利用，以及利用期货套现保值等对策规避国际市场风险。牛犁(2005)分别从加大通货膨胀、增加居民消费支出和相关企业生产成本及恶化外部经济环境等角度分析了国际原油价格上涨对我国宏观经济的影响。马瑞永(2010)对国际石油价格变动影响国内宏观经济的传导机制进行总结，并将其归纳为供给冲击机制、收入转移机制、实际余额机制、调整成本机制、反通货膨胀货币政策机制。这些实证研究多采用 VAR、时际一般均衡模型(IGEM)、VEC 等计量模型进行定量分析。于伟和尹敬东(2005)以 VAR 计量模型为基础，采用线性方法和非线性方法研究后发现，国际原油价格波动对我国宏观经济造成的影响是非对称的，原油价格上升阻碍经济增长具有滞后性。任若恩和樊茂清(2010)运用 1981~2005 年的投入产出时间序列数据建立跨时优化一般均衡模型，对国际油价波动与其他能源投入要素之间的替代关系及这种波动对国民经济总体与各部门经济的影响进行考察，结果表明国际油价对总体产出、各部门产出价格和 CPI 有一定影响，而且具有时间滞后效应。李卓和李林强(2011)在引入采购经理人指数后建立 VEC 模型，分析了国际原油价格波动与中国宏观经济变量之间的长、短期动态关系，证明了国际原油价格波动对中国宏观经济的影响存在滞后效应。

针对具体的石油行业而言，在研究国际油价波动方面，Hotelling(1931)的可耗竭资源定价模型开启了石油价格研究之路。Chai 等(2011)研究了对油价产生动态影响的核心因素，探索了油价波动的原因。后来，随着科技的进步及专家学者对油价波动规律的深入理解，人们更多地应用定量研究方法进行油价波动的研究。

在石油行业方面，王甲山等(2012)将我国与国外主要产油国的油气资源税费进行比较，认为我国的油气资源税费在多方面存在不完善，并指出改革我国的油气资源税费制度应该重点从整合和简化"税费"、合并资源税费、提高税率并扩大税率极差等几方面着手。许生(2012)提出我国现行的石油财税法律制度存在诸如影响企业的公平竞争和自主创新、对资源节约和环境保护不利、较难协调各方利益、体现不出石油资源的全民所有制性质等方面的问题。李大庆(2013)认为我国目前实行的石油税费制度还存在着包括分配体系不科学、立法宗旨不明确及课税要素涉及不合理等缺陷，急需通过石油税费制度的改革来使石油收益分配体系的科学化进程得以推进。而当前关于国际油价波动对我国石油行业税收的影响的研究仍是一个比较新的问题。任若恩和樊茂清(2010)运用一般均衡模型分析出国际油价对 GDP、CPI 及各产业部门存在一定影响，并具有时间滞后效应。袁红林和刘建(2011)对国际油价波动与我国物价水平之间的相关性进行分析，同时得出国际油价波动对我国物价产生影响的传导机制。顾惠祥和袁莹(2008)在税收分析中将价格作为影响税收的一个基本因素，运用实证分析方法阐述了价格对税收变动的影响力度和方法。赵文娟和高新伟(2013)对比了各个主要国家的石油税费在成品油价格构成中所占的比重，分析了我国石油行业税费对成品油价格的影响，提出我国石油行业的上游税费与终端油价脱节，成品油税费对油价的变动影响小，石油税费偏低，对油价的调节能力较弱。

通过文献研究可以看出，大部分文献在国际油价波动，石油税收制度、价格和税收等方面分别做了深入分析，但在国际油价波动对石油行业税收尤其是对我国石油开采行业税收的影响方面的研究较少，所以本章对国际油价波动对我国石油行业税收的影响进行详细分析。

综上所述，国内学者针对国际原油价格波动对经济的影响的研究已经较为深入和广泛，但仍存在不足之处。例如，为增加样本长度选取 1998 年之前的数据进行研究，但由于当时我国原油市场并未与国际接轨，原油价格仍由政府主导，样本并不具有太大的参考价值。2007 年 1 月国内原油批发零售权正式对外开放，我国与世界原油市场的互动更为频繁。2007 年之后发生的经济危机、欧洲债务危机及近期中东局势的动荡加剧了美国 WTI 价格的波动，随着我国与世界原油市场的逐步融合，这种波动势必给我国经济造成更大的冲击。因此，有必要对新时期国际原油价格波动对我国宏观经济的冲击进行重新考察，以期提供研究支持。

5.3 油价冲击影响短期经济增长的中间传导机制分析

5.3.1 油价冲击与短期经济增长负相关性的中间传导机制

1. 国际贸易

国际市场发生油价冲击，会使石油进口国进口价格上涨，直接引发国际收支平衡恶化，进而导致国内经济衰退、高通货膨胀、高失业等不良结果。

国际市场油价冲击通过直接贸易渠道和间接贸易渠道影响石油进口国的国际收支平衡：一方面，油价上涨需要石油进口国将更多的外汇储备用于石油进口，导致外汇储备下降和经常项目赤字增大；另一方面，油价上涨所带来的生产成本的增加又会降低本国商品的国际竞争力，导致出口下降，同时会使对油价冲击十分敏感的主要贸易伙伴贸易条件恶化，进口能力下降，使本国国际收支平衡进一步下降，汇率面临下降压力。

汇率变动往往与贸易机制结合起来，成为国际油价冲击的重要传导途径。一国所实行的汇率制度对国际油价波动向该国传导有着重要的影响。相比固定汇率制度，浮动汇率制度对于抵御油价冲击更为有效。在固定汇率制度下，油价冲击使石油进口国的国际收支呈逆差状态，为了维持固定汇率，货币当局会干预外汇市场，减少外汇储备，从而使货币供给减少，进而导致产出降低和失业率增加。由于名义汇率不变，本国货币不会出现逆差，也就不能刺激出口的增加以改善贸易逆差的状况。在浮动汇率制度下，灵活的汇率变动承担了经济调整的主要任务。油价冲击引起的国际收支平衡恶化使本币贬值，进而刺激了出口产品的需求，使经常项目得以改善，同时本币贬值引起利率上升，吸引资金流入，资本账户得以改善，可以使经济恢复到原来的均衡点。

开放经济下的芒德尔-弗莱明模型的一个重要结论是，在外部冲击的影响下，浮动汇率制度可以起到隔离和减轻外部冲击的作用，有利于内外均衡的恢复。相反，固定汇率制度起到的是放大外部冲击的作用，汇率刚性使调节经济的压力完全落在实际经济部门的肩上，而且随着资本流动性的提高，中央银行调控货币供给量的主观性下降，货币当局难以用货币政策和汇率政策实现不同的经济目标。但实际上，在实行浮动汇率的国家中，其国内经济仍然受到油价冲击的影响。油价冲击的出现会使公众产生本币汇率将贬值的预期，加剧国内物价对本币贬值的反应，致使国内价格的上涨可能超过国外价格的上涨。这样，即使在浮动汇率下油价冲击也会传导到国内，这种传导最典型的例证就是 20 世纪 70 年代初的能源危机和世界性的滞涨。

2. 石油投入量和资本利用率

油价冲击导致石油投入量不足，在短期内影响了资本利用率，进而导致产出下降。

Finn(2000)详细地阐述了上述观点，他提出的生产函数为

$$y_t = (z_t l_t)^\theta (z_t l_t)^{1-\theta}, \quad 0 < \theta < 1 \tag{5-1}$$

式中，z_t 为技术水平；y_t 为产出水平；θ 为弹性系数；l_t 为劳动力数量。

用 u_t 表示资本利用率，它与单位能源利用率建立了一定的联系：

$$\frac{e_t}{k_t} = \alpha(u_t) \tag{5-2}$$

式中，e_t 为单位能源利用率；k_t 为资本水平；$\alpha(u_t)$ 为资本利用函数。

资本积累为

$$k_{t+1} = [1 - \delta(u_t)]k_t + i_t \tag{5-3}$$

式中，δ 为折旧率；i_t 为投资水平。

资本积累方程中的折旧率依赖于资本利用率，一般而言，资本利用率越高，折旧率也就越高，最后生产函数可以写成

$$y_t = (z_t l_t)^\theta \left[k_t^{\left(1 - \frac{1}{v_1}\right)} e^{\frac{1}{v_1}} \left(\frac{v_1}{v_0}\right)^{\frac{1}{v_1}} \right]^{1-\theta} \quad 0 < \theta < 1 \tag{5-4}$$

式中，v 为能源资本利用率，下标 1 代表 1 期。

从上面的方程可以看出，一方面，油价冲击会导致石油使用量下降，石油使用量的下降直接通过代表性厂商的生产函数发生作用，进而减少产出；另一方面，持续的油价上升使资本边际产品下降，从而导致投资和资本存量减少，这些减少通过生产函数发生作用使产出进一步下降。油价上涨分别通过上述直接和间接渠道导致总产出水平下降，从而表现出与反向的技术冲击一样的效果。

3. 劳动力市场

油价冲击会改变现有劳动力市场的就业状态和工人工资，进而对经济产生影响。

总体来说，油价上涨会降低就业水平，从而产生失业人员，失业的存在迫使整体工人的实际工资水平下降，进而减少社会需求，引起经济衰退。实际工资水平下降的程度取决于国家所采取的工资政策和工会的力量。如果国家采取工资指数化的政策，为了保持原来的实际工资水平，名义工资会随着油价的上涨而上升，再加上厂商把油价上涨所增加的成本转嫁到最终产品之上，使消费品价格也上涨，这无疑将导致工资进一步上涨，引起工资-通货膨胀螺旋式上升。在事先确定工资水平的制度下，油价上涨会导致实际工资下降。另外，工会的力量也不可忽视，工会力量强大的国家，工人更有能力提出更高的工资要求，进而引发通货膨胀。例如，20世纪80年代由于美国只实行有限的工资指数化，并且工会的力量也没有欧洲强大，美国经济对油价冲击的调节要比欧洲国家容易得多。

4. 实际余额

油价上涨导致货币需求增加，如果货币当局不能增加货币供应量，利率就会因货币供不应求而提高，结果会抑制投资需求，降低产出。另外，油价上涨会带动其他商品上涨，结果导致通货膨胀。

5. 不完全竞争

面对油价冲击，在不完全竞争条件下，生产者具有对整个经济的垄断能力，因此它可以比在完全竞争条件下更大幅度地减少产出，并制定更高的价格。当发生油价冲击时，垄断者更有条件和能力通过减少产量、提高价格的方式把增加的成本转嫁给消费者，因此在不完全竞争情况下更容易对经济造成影响。

5.3.2　油价冲击对短期经济增长非对称性影响的传导机制分析

为了进一步解释油价对短期经济增长非对称性的影响，需要强调油价影响经济活动的其他特殊渠道，如部门重新分配、石油产品市场机制、调整成本等，作为油价对宏观经济影响的非对称性的可能解释。

1. 部分重新分配

对于一个多部门的经济来说,油价冲击对不同部门的影响是有区别的。例如,耐用品需求的特点是使用的长期性和购买的可迟延性,因而耐用品的需求波动往往较大。当发生油价上涨冲击时,人们倾向于减少耐用品的消费,最突出的是汽车,因此汽车制造业会受到较为严重的影响,这时只有生产小型汽车的车间在运行,生产大型汽车的车间往往被闲置,结果造成汽车工业的总产出和就业率下降。另外,能源密集型部门的劳动和资本需求会减少,而其他能源利用效率较高部门的劳动和资本需求会增加,这将引起投入要素在各个部门重新分配。但不同部门要求工人具有不同的技术水平、经验水平和就业年限,劳动力在各部门之间的转移因需要付出较高的流动性成本和再培训等成本而变得非常困难,结果造成失业率上升和资源的不充分利用,导致经济衰退。当油价下跌时,虽然有些部门的就业率会增加,但被劳动力转移成本对就业的负效应所抵消,经济并没有得到相应的增长。

2. 石油产品市场机制

石油产品对原油价格变化的反应是非对称的。这种非对称不是指变化的幅度,而是指变化的速度。当原油价格上升时,石油产品价格上升的速度要大于原油价格下降引起的石油产品价格下降的速度。可以把石油产品价格的非对称反应视为原油价格和宏观经济活动的非对称关系的一种可能性解释。宏观经济对石油产品价格变动的反应是对称的,而石油产品对原油价格变化的反应却是非对称的,这最终导致原油价格和宏观经济活动之间的非对称关系。

3. 调整成本

Hamilton(1996)最早提出,调整成本可能会导致宏观经济对油价反应的非对称性。油价上涨可能会造成经济衰退,油价下跌则会促进经济增长,但是无论油价上涨或者下跌,经济为适应油价变化所付出的"调整成本"都会对经济活动产生负面影响。油价上涨产生两种阻碍经济发展的负效应。油价下跌既产生正效应也产生负效应,这两种效应有相互抵消的趋势。因此,油价对经济的影响是非对称的。调整成本范围很广,这里主要涉及厂商之间的协调成本和短期资本的调整成本。Huntington(2003)考察了油价冲击后厂商的协调问题是如何对经济活动施加影响的。每个厂商都知道油价冲击对自身产量和产品价格的影响,但是缺乏足够的信息来了解其他厂商对油价冲击的反应。当油价上升导致厂商成本增加时,如果一个厂商按照成本增加的比例提高其价格,而其他厂商并不这样做,那么这个提高价格的厂商的市场机会被其他厂商获得。当然,如果所有的厂商都按照同样的比例提高价格，他们将能够迅速移动到新的均衡状态，但是市场中的厂商不可能聚在一起来协调其价格的提高事宜。因此，无论油价上涨或者下跌，厂商都不能协调相互之间的行为以达到厂商利益的最大化，从而造成资源浪费和经济衰退。

Atkeson 和 Kehoe（1999）研究了"油泥-陶土（puuty-clay）"技术（在此技术下，能源与产量的比率、资本与产量的比率、劳动与产量的比率长期可变，但是短期不变，因为这些要素都包含在资本存量之中）如何影响经济对油价冲击的反应。为了对油价的变化做出最优反应，企业必须改变石油与产量比率。当油价上涨（下跌）时，他们必须改变资本存量，选择能够生产较低（较高）石油产量比、较高（较低）资本产出比和劳动产出比的资本，这就必须改变资本存量。但是在短期内，资本存量是固定的，这三个比率无法做出迅速调整，使厂商的生产技术条件达不到最优化，造成石油、资本和劳动的利用不充分、产出下降，最后导致经济衰退。

未来油价的不确定性也会通过减少投资需求对经济产生负面影响。当厂商对未来油价持怀疑态度时，他们会越来越倾向于推迟不可逆的投资决定。随着未来油价的不确定性的增加，推迟投资决定的意义增大，净投资刺激减弱。而投资对未来油价的不确定性又会随着油价的上涨或下跌而增大。

5.4　油价冲击影响长期增长的中间传导机制分析

油价冲击对长期经济增长的影响的经验研究结果表明，那些石油资源匮乏、易受油价冲击的国家能够使经济保持快速增长，相反，那些石油资源丰富、国内油价始终保持稳定的低水平国家的经济增长却相对较为迟缓。对于这种现象，其中的传导机制主要包括以下几个方面。

5.4.1　技术进步

在石油资源匮乏的国家，高油价会降低生产中的石油投入量，这会导致产出下降，因此为了维持经济增长，必须通过增加教育、研发等手段来促进人力资本和知识资本的积累，以弥补石油资本投入的不足，而这些因素正是促进技术进步、保证长期经济发展的动力。相反，在 OPEC 等石油资源丰富的国家，由于依靠石油出口容易获得较高的收入，这些收入往往投资于技术含量低，投资回报率不高的项目。大多数自然资源丰裕的国家有意或者无意地忽视教育的公共支出，导致自然资本对人力资本的"挤出"，从而拖慢了长期经济增长的步伐。

5.4.2　经济结构

受石油价格上涨冲击的影响，石油资源不足的国家会降低生产中石油的投入份额，形成依靠资本和技术来促进经济增长的集约型经济发展模式，另外，石油消耗密度较小的第三产业也会得到迅速发展，这种经济结构更能促进长期经济增长。而石油资源丰裕的国家由于油价上涨带来的石油出口收入的迅速增加，非资源生产部门的竞争力削弱。同时，石油开采及简单加工业的边际生产率的大幅度提高，也会促使社会物质资本和人力资本向石油产品部门转移，制造业和研发部门会因此萎缩。与制造业具有的经济外在性不同，资源采掘业是孤立的，过多的人力和物质资本专业化于资源采掘业会损害整个社会的经济效益。因此，油价上涨引起的资源收入的增加往往会削弱长期经济增长的动力。

5.4.3　经济波动

由于技术进步、经济结构的调整和应对油价冲击的政策日益完善，油价冲击对石油进口国经济波动的影响已经日趋减弱，其长期经济增长较少受到影响。相比较而言，石油资源丰裕的国家的经济对石油收入非常依赖，油价冲击使这些国家频繁经历经济繁荣和衰退周期。这种波动又会加剧政府宏观调控的难度，使政府难以对经济发展做出有效规划。每次石油冲击发生初期，政府必须判断是暂时冲击还是持久冲击，如果是暂时冲击，政府则不必进行干预；如果是持久冲击则必须进行经济结构的调整。如果对冲击性质的预期发生错误，把暂时冲击误判成持久冲击而进行经济结构的调整，则会付出不必要的昂贵代价；如果把持久冲击误判为暂时冲击，必要的经济结构调整会被延误，未来再去调整，其代价则会更加昂贵。这种错误的预期或者短视的行为更加剧了石油资源所引起的经济波动，损害了长期的经济增长。

5.4.4　制度安排

油价上涨冲击使石油出口国获得更多的收入，在产权安排不合理和相关法律不健全的情况下，收入的增加会诱发相应的寻租行为，而并不会完全形成国家财富。从长期来看，这些既得利益者为了维护当前和长远的石油资源收益，便会通过"寻租"等途径确保其对资源的排他性占有，长期经济增长因此缺乏充分的制度安排。

5.5　国际原油价格波动对我国宏观经济的传导

原油价格对宏观经济的传导很大程度上受制于国内的定价机制。在 1980 年之前我国的原油价格实行严格的计划管制，由于工业化程度较低，对原油的需求量较低，能够实现原油的自给自足，国际原油价格的波动对我国宏观经济造成的影响微乎其微。1998 年 6 月国家出台了《原油成品油价格改革方案》，对原油与成品油定价机制进行了重大改革，规定国内原油、成品油价格按照新加坡市场的油价相应确定，国内原油价格与世界市场的关联性逐渐增强。2000 年 6 月开始为国内成品油价格与国际市场的接轨阶段，即国内成品油价格随着国际市场价格的变化而进行相应调整。2001 年 11 月国内成品油价格与国际市场的接轨机制进一步完善，以新加坡、鹿特丹、纽约三地石油市场价格作为参照调整国内成品油价格。随着接轨机制的不断完善，国际原油价格波动对我国宏观经济的传导更为直接和迅速。结合已有的文献和国内现行的经济运行状况，国际原油价格波动对国内经济的传导大致可以归结为以下三条途径(图 5-3)。

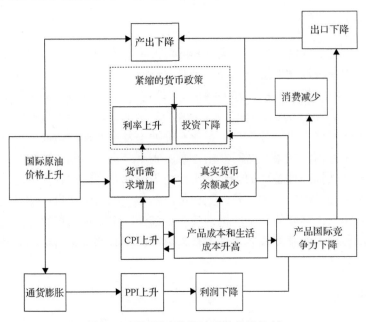

图 5-3　国际原油价格波动的传导机制

5.5.1　对产出的传导

　　国际原油价格上涨在短期内会对我国总体产出造成直接影响，根据国际能源署"能源-经济发展模型"的测算，国际原油价格每桶上涨 10 美元，我国的 GDP 水平将下降 0.7%。从长期来看，国际原油价格的上涨通过影响我国的消费、投资和出口(推动国民经济发展的三大动力)，进一步影响我国的国民经济产出。

　　从消费角度来看，当国际原油价格上涨时，进口成本增加，以原油为原材料的产品生产成本升高，居民实际收入减少，原有的消费需求得不到满足，产出必然下降。从投资角度来看，国际原油价格升高，提高了产业链下游产品的生产成本，行业利润下降，大大降低了对资本的吸引力，进而引发投资减少，产出下降。从出口角度来看,过高的国际原油价格必将增加相关行业的生产成本和运输成本,从而我国出口产品不再具有价格优势。在供过于求的国际市场上，市场竞争日趋激烈，产品价格不可能与产品成本保持同步上涨，出口产品的国际竞争力下降，出口量自然下降，最终将导致产出下降。

5.5.2　对 CPI 的传导

如前所述，我国的原油定价机制已与国际接轨，国际原油价格飙升势必会导致我国原油价格上涨。从国际原油价格、CPI 和当前货币政策的关系来看，国际原油价格每上涨 10 美元/Bbl，对国内 CPI 的直接拉动为 0.5～0.8 个百分点。考虑油价对非油商品价格动态且不同步的影响，并结合当前非油商品价格的基本形势，国内 CPI 将总体提升 1.5%～2%，这大大加剧了国内通货膨胀的压力。世界原油价格大致通过以下两种途径影响我国的通货膨胀：通过原油贸易传导的输入型通货膨胀和通过产业链传导的成本推动型通货膨胀，具体传导途径如图 5-4 所示。

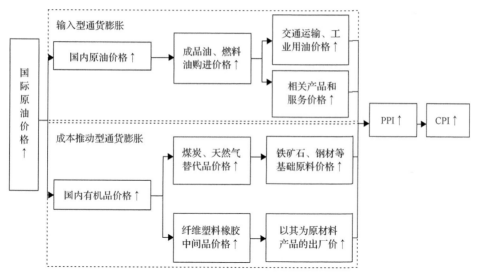

图 5-4　国际原油价格上涨对 CPI 的传导机制

国际原油价格上涨通过上述两种传导途径带来国内最终消费品价格的上涨。消费品价格上涨又会反作用于工资、利率，从而提高产品成本和生活成本，引发物价水平全面上涨，导致全国性的通货膨胀。

5.5.3　对货币政策的传导

国际原油价格波动通过其价格本身直接作用于宏观经济，导致通货膨胀和经济衰退，这种冲击还可以通过引起货币政策变化，间接对宏观经济产生影响。

我国实行货币政策的主要目标是稳定物价，促进经济增长、充分就业和国际收支平衡。货币政策通过控制货币供应量依据货币需求函数对宏观经济进行调控。

国际原油价格波动通过改变货币需求函数进而影响我国货币政策的实施。国际原油价格影响我国货币需求函数的主要途径有以下两种。

首先，国际原油价格上涨会带动总体价格水平升高，真实货币余额减少，导致对货币需求增加，在货币供给不变的条件下，引发通货膨胀。为防止经济过热，政府通过采取紧缩性的货币政策提高利率，进一步加剧了经济的衰退。

其次，政府当局为缓解油价冲击造成的生产成本上升和真实收入下降，在短期内会采取宽松的货币政策以稳定产出，但从长期来看，迫于国内通货膨胀的压力，必须不断提高利率加以应对，宏观经济将因此长期遭受更大的负面冲击。

5.6　国际原油价格波动对我国宏观经济影响的实证分析

5.6.1　变量选择

通过分析可以发现，国际原油价格的波动首先通过供给冲击效应短期内直接造成产出下降，由此引起产品生产成本增加造成通货膨胀，其次通过收入转移效应影响真实货币余额。政府为稳定生产通过货币政策以货币供给量和利率为工具进行调控，间接影响我国的宏观经济。因此，选取国际原油价格作为外生变量，产出、通货膨胀、货币供给和利率作为内生变量，系统考察国际原油价格变化对我国宏观经济的影响。从图 5-1 中可以看到：2007 年前后国际和国内原油市场发生了较大变化，因此本节选择 1999 年 1 月～2006 年 12 月和 2007 年 1 月～2012 年 2 月两个时间段分别研究，通过对比分析，对当前形势下我国如何应对国际原油价格波动提供有效的理论支持。

1. 世界原油价格指标

选取美国西得克萨斯轻质原油价格作为世界原油价格指标。美国是世界上最大的原油进口国和消费国，依靠其全球的军事及经济能力，WTI 对国际原油市场的影响力明显强于其他原油市场，WTI 原油已经成为全球原油定价的基准。WTI 原油价格能充分代表国际原油市场的价格走势。同时由于美国是受 2008 年经济危机重创的国家之一，选择 WTI[①]作为基准，更有助于考察经济危机发生后世界原油价格波动对我国宏观经济的影响。

2. 产出指标

由于我国政府并没有公布月度 GDP 数据，为减少后续处理带来的误差，鉴于数据的可得性，本章选取工业增加值增长率指标来代表产出的变化，依据如下：

---

① 已采用同期人民币对美元的月度平均汇率折算为以人民币计价。

工业是我国 GDP 增长的主要带动产业,世界原油价格上涨带来的行业成本的增加势必影响到工业企业的利润和总产值,进而引起我国总体产出水平的改变。

3. 通货膨胀指标

物价上涨是通货膨胀最直观的表现。虽然通货膨胀与物价上涨属于不同的经济学范畴,但两者又有紧密的联系,可以说通货膨胀与价格上涨是同一问题的两种不同表现形式。由于居民消费价格是居民家庭所购买的商品经过各环节的流通后形成的最终价格,能够全面反映出商品流通对货币的需要量。因此, CPI 是最能充分、全面反映通货膨胀率的价格指数。目前,世界各国基本上均用 CPI 来反映各国的通货膨胀程度。基于此,本节也选取 CPI 作为衡量通货膨胀的指标。

4. 货币供给指标

本节以 M2 作为货币供给指标。M2 是社会流通货币总量加上活期存款及定期存款与储蓄存款之和,即通常所说的货币供应量。M2 能够准确衡量当前社会总需求的变化和未来通货膨胀的压力状况。1996 年中国人民银行正式以货币供应量作为我国货币政策的中介目标,并确定以 M2 为观测指标。因此,选取 M2 作为货币供给指标,能够很好地反映国家的货币政策的变化。

5. 利率指标

对于利率指标,本节选取的是七天的同业拆借利率,它是银行同业之间的短期资金借贷利率。之所以选择银行间同业拆借利率作为利率指标,主要是出于以下两方面的原因:一是我国自 1996 年 6 月 1 日起取消对同业拆借利率的上限管理,实现了银行间同业拆借市场的利率市场化,银行间同业拆借市场是目前我国除政策性金融债与国债发行市场外,唯一实现利率市场化的市场;二是从理论上考虑,银行间同业拆借市场的期限较短、资金流量大,是最先也是最容易受货币政策工具变化影响的市场。因此,选取七天的同业拆借利率能很好地反映我国同期的利率水平。相关指标定义见表 5-2。

表 5-2　变量名称、处理方式及来源

变量名称	变量含义	X12 调整	对数处理	差分处理	数据来源
OIL (O/N)	国际原油价格		√	√	美国能源信息署
Y (O/N)	产出水平				《中国经济景气月报》数据
CPI (O/N)	通货膨胀			√	中国人民银行
M2 (O/N)	货币供给	√	√	√	Wind 数据库
IR (O/N)	利率			√	财新网宏观数据

注:O 表示 2007 以前年的数据指标;N 表示 2007 年之后的数据指标,下同。

5.6.2　模型识别

如前所述，国际原油价格波动不仅在当期对国内通货膨胀产生作用，而且从长期来看，还会引起国家货币政策的改变，从而进一步影响产出。仅以数据的单纯变动来刻画变量之间的动态特征，并没有过多考虑变量之间的经济意义，使研究变量之间由于其缺少必要的经济理论做指引，很难区分内生和外生变量。关于油价波动影响的一般模型——VAR (p) 模型的一般形式可以表示成

$$y_t = C + \boldsymbol{\Phi}_1 y_{t-1} + \cdots + \boldsymbol{\Phi}_p y_{t-p} + \varepsilon_t \tag{5-5}$$

式中，y_t 为 t 期油价；ε_t 为扰动项；C 为截距顶；$\boldsymbol{\Phi}$ 为回归系数。

从式(5-5)中可以看出 VAR 模型并没有给出变量之间当期相关关系的确切形式，即在模型的右端并不含有当期的内生变量，而这些当期相关关系隐藏在误差项的相关结构之中，无法解释。因此，VAR 模型无法准确反映出国际原油价格的波动对当期产出、通货膨胀等宏观指标的影响。

为了明确变量间当期的相互作用关系，本节引入了 SVAR 模型。SVAR 模型首先以经济理论为支撑设置变量当期之间的相互关系，从而避免了隐藏在模型误差中无法解释的缺陷；其次通过对变量施加少数约束条件，减少了被估计参数的个数和模型自由度的损失，很大程度上避免了 VAR 模型在无约束条件下分析结果的不足，能够更好地解释随机扰动(国际原油价格波动)对系统(我国宏观经济)的动态冲击，也更符合经济现实。K 变量 P 阶的 SVAR(P) 的一般形式可以表示成

$$A_0 y_t = \boldsymbol{\Gamma}_1 y_{t-1} + \boldsymbol{\Gamma}_2 y_{t-2} + \cdots + \boldsymbol{\Gamma}_p y_{t-p} + \boldsymbol{u}_t \tag{5-6}$$

式中，

$$A_0 = \begin{bmatrix} 1 & -a_{12} & \cdots & -a_{1k} \\ -a_{21} & 1 & \cdots & -a_{2k} \\ \vdots & \vdots & & \vdots \\ -a_{k1} & -a_{k2} & \cdots & 1 \end{bmatrix}$$

$$\boldsymbol{\Gamma}_i = \begin{bmatrix} \gamma_{11}^{(i)} & \gamma_{12}^{(i)} & \cdots & \gamma_{1k}^{(i)} \\ \gamma_{21}^{(i)} & \gamma_{22}^{(i)} & \cdots & \gamma_{2k}^{(i)} \\ \vdots & \vdots & & \vdots \\ \gamma_{k1}^{(i)} & \gamma_{k2}^{(i)} & \cdots & \gamma_{kk}^{(i)} \end{bmatrix}, \quad i = 1, 2, \cdots, p$$

$$\boldsymbol{u}_t = \begin{bmatrix} u_{1t} \\ u_{2t} \\ \vdots \\ u_{kt} \end{bmatrix}$$

将式(5-6)写成滞后算子的形式：$A(L)y_t = u_t, E(u_t u_t') = I_k$，其中，$A(L) = A_0 - \Gamma_1 L - \Gamma_2 L^2 - \cdots - \Gamma_p L^p$，$A(L)$ 是滞后算子 L 的 $k \times k$ 的参数矩阵，A_0 为主对角线元素为 1 的矩阵，且 $C_0 \neq I_k$。

根据 Cholesky 分解技术，顺序在前的内生变量会对其后面各变量的同期值产生影响，但只存在单向作用，即后者并不会对前者的同期值产生影响。因此，对 SVAR 模型变量顺序的选择非常重要。本节将其变量排序为 $y_t = (\text{WTI}, y, \text{CPI}, \text{M2}, \text{IR})$，分别表示布伦特原油价格、产出、CPI、货币供给和利率。

对于 K 变量 P 阶的 SVAR 模型，必须施加 $k(k-1)/2$ 个限制条件才能保证模型具备可识别性，即本节需要对 10 个短期冲击做出零约束。根据经济理论和文献资料，对各变量之间的结构性影响做出如下假设：根据 Du(2010) 的研究，国际原油价格对我国经济影响显著，但国内经济活动的变化不是世界原油价格变动的 Granger 原因，因此国际原油价格具有很强的外生性，除受制于自身影响，并不受产出、CPI、货币供给和利率的影响；当期产出仅受本期国际原油价格的影响，除此之外不再受其他变量的影响，因为通货膨胀、国家货币政策和利率的变动短期内很难传递给总体产出，即对产出的影响具有滞后性；短期内通货膨胀率只受国际原油价格、产出因素的影响，货币供给和利率只能通过政府改变货币政策在长期对其产生影响；国际原油价格、产出和 CPI 当期都会对 M2 产生影响，同样利率发挥的作用仍然具有滞后性；利率是国际原油价格、产出、CPI 和货币供给四者共同作用的结果。

本书所做的假设仅仅适用于当期，这并不表示在长期后续变量不会对前面的变量产生作用。根据设定的各种变量之间的结构冲击关系得到 A_0 矩阵为

$$\begin{bmatrix} \varepsilon_{\text{WTI}} \\ \varepsilon_y \\ \varepsilon_{\text{CPI}} \\ \varepsilon_{\text{M2}} \\ \varepsilon_{\text{IR}} \end{bmatrix} = \begin{bmatrix} 1 & 0 & 0 & 0 & 0 \\ a_{21} & 1 & 0 & 0 & 0 \\ a_{31} & a_{32} & 1 & 0 & 0 \\ a_{41} & a_{42} & a_{43} & 1 & 0 \\ a_{51} & a_{52} & a_{53} & a_{54} & 1 \end{bmatrix} \begin{bmatrix} \mu_{\text{WTI}} \\ \mu_y \\ \mu_{\text{CPI}} \\ \mu_{\text{M2}} \\ \mu_{\text{IR}} \end{bmatrix} \tag{5-7}$$

式中，a 为系数；μ 为扰动项。

5.6.3　平稳性检验

为确定所选变量是否具有平稳性，本章选择 ADF 检验法分别对两组时间序列进行单位根检验，检验结果见表 5-3。所有变量的水平序列都通过了 1% 或 5% 的显著性水平检验，即变量具有平稳性。虽然经济变量大都呈现非平稳特征，但由于处理数据时已经进行了季节调整和差分，在估计 SVAR 模型时，可以省略变量间的协整检验。

表 5-3　变量平稳性检验

变量	T 统计量	1%临界值	平稳性	变量	T 统计量	1%临界值	平稳性
OIL_0	−8.312316	−4.073859**	I(0)	OIL_n	−4.850819	−4.118444**	I(0)
y_0	−8.453785	−4.090602**	I(0)	y_n	−6.463083	−4.152511**	I(0)
CPI_0	−8.660081	−4.073859**	I(0)	CPI_n	−2.164171	−1.946549*	I(0)
$M2_0$	−5.983414	−4.073859**	I(0)	$M2_n$	−7.435305	−4.115684**	I(0)
IR_0	−8.968122	−4.073859**	I(0)	IR_n	−7.016113	−4.121303**	I(0)

*表示在 5%的显著性水平下拒绝原假设；**表示在 1%的显著性水平下拒绝原假设。

注：OIL 表示原油价格；CPI 表示消费者价格指数；y 表示产出；M2 表示货币供应量；IR 表示利率水平；0 和 n 分别表示 0 期和 n 期。

5.6.4　滞后期选择

滞后期的选择对估计 SVAR 模型至关重要：滞后期越短，误差项的自相关性越严重，将会造成模型参数的非一致性估计；滞后期太长，虽然能够完整地反映模型的动态特征，但由此导致的自由度减少会直接影响模型参数估计的有效性。本节根据 SC 和 AIC 信息准则在参考模型自由度的基础上确定市场开放前后模型的滞后期分别为 2 和 3。由于篇幅所限，检验结果予以省略。

5.6.5　结果分析

1. 国际原油价格对产出的影响

可以看出不管是在市场开放前还是开放后，WTI 原油价格都会使我国产出下降，但是这种影响存在明显的滞后性。开放前国际原油价格的冲击导致的产出下降到第四期之后才开始显现，开放后滞后期缩短至两期且引起的产出下降幅度明显增强。

市场完全开放前，国家在原油价格上的调控确实在某种程度上弱化了国际原油价格上涨对我国总体产出的冲击。而近几年国内经济需求旺盛，缓解了国际原油价格上涨带来的负面效应。但不置否定的是市场开放后加快了世界原油市场的变化对我国宏观经济的传导，滞后期明显缩短。随着我国工业化程度的不断推进，对原油等优质能源的需求日益强烈，受制于国内原油产能的约束，必须大量进口原油以稳定国内生产。不断升高的原油进口依存度将会使得未来国际原油的冲击对我国经济的影响进一步加大。

2. 国际原油价格对 CPI 的影响

市场开放前后 CPI 对国际原油价格波动的反应都非常迅速，在当期均产生了显著的正向影响。市场开放前 WTI 原油价格造成的通货膨胀程度较小，随后逐渐减弱，但达到零值后仍然继续下降，这可能是由政策反应过度造成的。随着市场的开放，国际原油价格波动影响我国通货膨胀的程度明显增强，虽然在第二期时下降为零，但随即反弹并超过初始水平，这种正向影响的作用时间显著延长。这说明新时期国际原油价格上涨带来的原材料和燃料成本的上升确实加剧了我国的输入型通货膨胀。随着经济的发展和人民生活水平的提高，我国的石油消费与居民日常生活的联系日趋紧密。汽车消费在整个 GNP 中所占份额的不断扩大加速了国际原油价格波动对 CPI 的传导。值得注意的是，我国现行的 CPI 权重结构的调整明显滞后于居民消费结构的改变，食品、烟酒、衣着等生活用品在 CPI 中占据了将近一半的比重，而石油等资源类消费项目在 CPI 中的权重偏低，这导致世界原油价格波动对 CPI 的影响可能会被低估。

3. 国际原油价格对货币供给的影响

通过市场开放前后 M2 对国际原油价格冲击的脉冲响应图（图 5-5）可以看出，政府通常采用紧缩型的货币政策来应对国际原油价格上涨引发的通货膨胀。我国是世界第二大石油净进口国，原油进口依存度已经超过 60%，国际原油价格的持续上涨，将会导致国内货币需求量的不断增加，从而带来货币供给量的相对减少。另外，中国人民银行为了应对国际原油价格上涨带来的通货膨胀，往往会提高利率，加大存款准备金，进一步减少了货币供给量。而且，为应对国际原油价格上涨带来的通货膨胀压力，政府通常会采取紧缩型的货币政策。受此双重作用的影响 M2 的货币供给量呈现下降的趋势。

图 5-5 分别为市场开放前后各宏观经济变量对国际原油价格波动的脉冲响应图。图 5-5（a）～（d）依次为开放前产出、货币供给、CPI、利率；图 5-5（e）～（h）分别为开放后产出、货币供给、CPI、利率对国际原油价格波动的脉冲响应图。

由于市场开放前国际原油价格的波动对我国的通货膨胀影响程度较低 [图 5-5（e）]，政府通常采取温和的货币政策进行调控，M2 下降幅度较小。随着通货膨胀的减轻，M2 货币供给量也呈现出不同程度的反弹。市场开放后，为抑制国际原油价格波动导致的我国持续性的通货膨胀，政府加大了货币政策的力度，M2 的下降幅度和负向持续时间都相对增强。图 5-5（f）和图 5-5（g）显示 WTI 原油价格对通货膨胀和 M2 的冲击大致呈镜面相关，表明政府采取的紧缩型货币政策在抑制通货膨胀中发挥了积极的作用。

4. 国际原油价格对利率的影响

利率是政府实施货币政策的主要工具，货币政策的制定、实施到发挥作用需要时间周期，这也就决定了国际原油价格波动对利率的影响必将存在滞后性。从图 3-6 中可以看到市场开放前，国际原油价格波动对利率的冲击在第三期时由负向转向正向，与通货膨胀的脉冲响应图大致对称，这与经济意义相吻合：通货膨

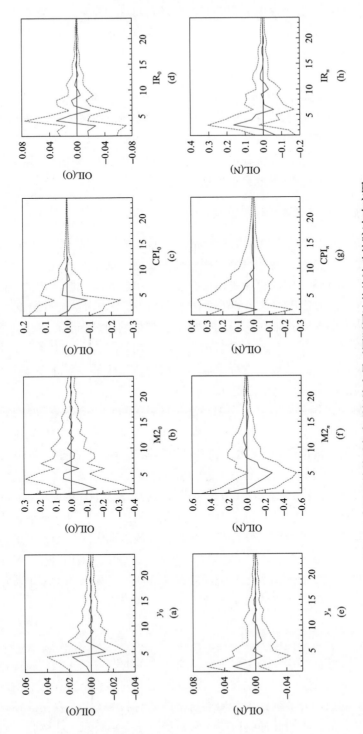

图5-5 市场开放前后各宏观经济变量对国际原油价格波动的脉冲响应图

实线表示真实的影响，上下两条虚线表示加减一个标准差的波动范围

胀程度高时，利率通常较低，政府会采用紧缩型货币政策，提高利率，抑制通货膨胀。当利率达到较高水平时，通常伴随着通货紧缩，此时政府会采用宽松的货币政策，降低利率以刺激经济发展。从图 5-5 (g) 可以看出近几年随着国内通货膨胀的加剧，政府的紧缩型货币政策强度明显加大，即脉冲波动仍集中于纵轴正向，这与政府的政策密不可分。2007 年 1 月～2012 年 2 月五年间国家共上调大型金融机构存款准备金率 29 次，大型金融机构存款准备金率由最初的 9.5%上调至 2012 年的 20.5%。随着利率的升高，通货膨胀得到了很好的抑制，因此，国际原油价格上涨时采用紧缩型货币政策是合适的。

5.6.6　结论与政策建议

通过建立 SVAR 模型可以看出石油市场开放后，我国宏观经济受国际原油价格冲击的影响显著增强，不仅加速了工业产出的下降，而且带来了更为严重的通货膨胀。随着国内油价逐步与国际接轨及原油对外依存度的不断增高，国际原油价格波动对我国经济的影响将持续增强。近几年国际原油价格频繁变动，为降低国际原油价格上涨对我国经济造成的冲击，必须不断完善国内石油定价机制，尽快建立国内原油期货市场，并不断优化我国的能源消费结构。

(1) 完善我国成品油价格市场化的价格形成机制，引入竞争机制努力实现成品油价格市场化，从而增强石油价格信号对相关行业和消费者的传导，引导各方合理地生产和消费，最终降低经济生活对石油的过分依赖。

(2) 建立国内原油期货市场，争取原油定价权以形成完善的国内石油市场体系，以规避国际原油价格波动带来的风险，同时更有助于增强我国在国际原油贸易中的话语权。政府必须加快对石油替代资源的开发和利用，提高天然气等其他高效能源在我国能源消费结构中的比例，这是提高我国抵抗国际石油价格波动能力、减少其对国内经济冲击的根本出路。

(3) 为防止紧缩型货币政策长期导致的经济产出下降，政府应更多地考虑稳健的货币政策，以减轻过度紧缩带来的负面影响。同时要考虑对 CPI 各类商品的权重进行动态调整，使 CPI 真实地反映居民消费价格的变化。

由于研究视角的限制，本节仅考察了国际原油价格波动对宏观变量的影响。对宏观经济变量间的相互作用的研究，即 M2 和利率等货币政策变化对产出和通货膨胀的长期影响还有待深入，这可能是下一步需要改进的地方。

5.7　国际油价波动对我国石油开采行业税收影响的实证研究

目前，中国已经成为世界第二大石油消费国，石油需求与日俱增，而原油及其相关行业的税收也成为国内税收收入的重要组成部分。据统计，我国每 100 元税收收入中，中国石化贡献 3 元，中国石油贡献 4 元。然而自 2000 年国内原油价格与国际接轨以后，国际油价的剧烈波动使国内税收收入产生了极大的不确定性。国际油价在 2014 年波动明显，WTI 月平均价格从 1 月的 95 美元/Bbl 上涨至 6 月的 105 美元/Bbl，其后受供需基本面、美元汇率等的影响，下跌至 12 月的 61 美元/Bbl，12 月的月平均价格相比高点跌幅达 41.9%。而油价大幅下降随之带来国内石油相关行业税收收入的大量减少。2014~2015 年，原油和天然气开采行业税收收入从 1845.8 亿元下跌至 942.2 亿元，同比下降 49.0%。同时，从我国石油开采行业来看，政府虽然上调了资源税，但也将特别收益金起征点上调至 65 美元/Bbl，难以完全弥补油价下跌所带来的损失。

由此可见，油价波动与我国石油开采行业的税收收入存在着一定的相关关系，但原油价格如何影响税收、油价是否会影响所有税种，以及对各个税种的影响程度有多大等这些问题仍缺乏系统研究。本节通过辨识油价变化的影响因素，对油价的变化进行具体分析，对未来国际油价变化趋势进行预测，了解国际油价与国内油价的变动关系，进而通过对未来油价走势的预测，研究油价波动对国内石油开采行业相关税种的税收收入的影响，为政府及时调整税收政策提供一定的理论依据。

5.7.1　国际油价波动对我国石油开采行业税收的影响机理分析

1. 国际油价波动的影响因素与未来走势预测

石油是全球最主要的能源和原料之一，其国际价格剧烈波动影响着各个国家和地区，很少有一种商品能够像石油一样，在短时间内价格大起大落。基于石油所具有的双重属性——经济属性和政治属性，国际油价波动不仅仅受到供求关系这一单一因素的影响，而是多种因素共同作用的结果。本节将影响国际油价波动的因素归为三个方面：短期因素(石油商业储备、金融投机、美元汇率和经济形势)、长期因素(石油开采边际成本、石油供给和石油需求)和突变因素(地缘政治事件、OPEC 政策和自然灾害等)。

2014 年迎来了又一轮的油价下跌，然而金融因素已经不再是其主要影响因素，物质世界的改变超越了金融因素，成为油价波动的主导因素。北美页岩气的出现使国际能源市场呈现出多元化的发展趋势，未来 OPEC、俄罗斯甚至乌克兰等地区依赖油气资源优势讨价还价的余地将逐渐消失。同时，全球对石油等传统能源的高度依赖性也将会日益降低，页岩气的开发将有利于全球范围内的能源转型。而且，目前全球经济不景气，继而导致全球石油需求疲软，与此同时，OPEC 国家不仅没有减产，反而试图通过扩大产量维持其能源地位，以应对美国页岩气革命的威胁，这也是油价难以在短期内反弹的原因之一。虽然出现俄罗斯卢布贬值、乌克兰问题及各种局部政局动荡等突变因素，但短期内它们并未引起油价上涨。

美国能源信息署 2015 年 4 月发布的《全球能源展望报告 2015》中指出，将未来国际油价的走势分为三种情况：基准情况(经济增长率 2.4%)、高油价(经济增长率 2.9%，高增长低通货膨胀）和低油价（经济增长率 1.8%，低增长高通货膨胀）。其中，不同情况下的经济增长率反映的是对美国未来人口、劳动力、资本存量及产量的预期走势。

基准情况反映的是截至 2015 年底根据全球石油市场活动而做的预测。在 2013 年和 2014 年，由于美国页岩气产量大幅上升，2014 年末全球原油价格下跌，也改变了未来原油市场的发展趋势。预计这些新的市场条件与环境仍将持续下去，布伦特原油价格从 2013 年的 109 美元/Bbl 将下跌至 2015 年的 46 美元/Bbl，并维持这一价格水平到 2018 年，油价会逐渐上涨至 76 美元/Bbl。2018 年以后，伴随着非经济合作与发展组织（OECD）国家原油需求的增长，油价将在 2040 年被推高至 141 美元/Bbl（以 2013 年汇率为基准）[①]。

在高油价情况下，假定全球对石油及其相关产品存在更高需求，OPEC 国家的上游投资减少及非 OPEC 国家的勘探开发成本上升，将导致布伦特原油现货平均价格在 2040 年上涨至 252 美元/Bbl，高于基准水平 78%。相反地，在低油价情况下，则假定非 OECD 国家需求降低，OPEC 上游油价增加及非 OPEC 国际勘探开发成本的降低，将导致布伦特原油现货价格在 2040 年缓慢增长至 76 美元/Bbl，甚至低于基准水平 47%左右。

2. 国际油价波动对我国石油开采行业税收影响机理分析

图 5-6 是国际油价波动对我国石油开采行业税收的影响因素分析图。虽然影响我国石油开采行业税收的因素主要包括国际油价、国内原油售价、国内原油产

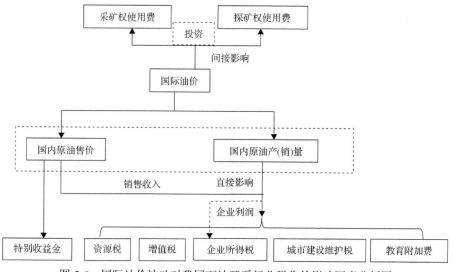

图 5-6　国际油价波动对我国石油开采行业税收的影响因素分析图

---

① 本段是基于 2014 年的数据做的 2015 年的分析，截至 2018 年，相关的数据与本预测基本吻合。

(销)量、人民币汇率、原油开采成本及税收政策。但是，事实上其他所有因素对我国石油开采行业税收的影响基本上都是建立在国际油价波动的基础上。下面将对影响我国石油开采行业的因素进行具体分析。

1) 国际油价对我国石油开采行业税收的影响

国际油价主要是借由我国的石油定价机制，通过国内外油价的接轨来直接影响国内原油销售价格。而国内原油销售价格会在一定程度上对原油产(销)量产生影响。事实上，国内原油售价将直接影响特别收益金的征收收入，同时，国内原油售价和原油产(销)量的多少又会对企业的销售收入和企业利润产生影响，从而直接对我国石油开采行业的增值税、企业所得税、资源税、特别收益金、城市建设维护税和教育附加费的变动产生影响；除此之外，国际油价也会间接对采矿权使用费和探矿权使用费的变动产生影响。

2) 国内原油产(销)量对我国石油开采行业税收的影响

实际上，就中国而言，由于我国国内产油量难以满足国内需求，且大部分依赖进口，我国的原油产量基本可以等同于资产原油的销量。因此，我国原油产(销)量的高低主要是通过影响原油开采成本及企业的销售收入，来影响企业利润的变动，进而影响以销售收入或企业利润为计费依据的相关税收，包括资源税、企业所得税和增值税等的税收收入的变动。

图5-7为2007~2011年国内原油产(销)量与原油和天然气开采业税收收入走势图，可以明显看出国内原油产(销)量与原油和天然气开采业税收收入的波动趋势基本接近，且原油和天然气开采业税收收入大致是随着原油产(销)量的增加而增加，随着原油产(销)量的减少而减少。但在图(5-7)中可以看出，在 2008~2009 年及 2010~2011 年这两个时间段中，原油产(销)量并未发生大范围的波动，而原油和天然气开采业税收收入却发生了大幅度的涨跌，其主要原因仍是国际油价波动。2008

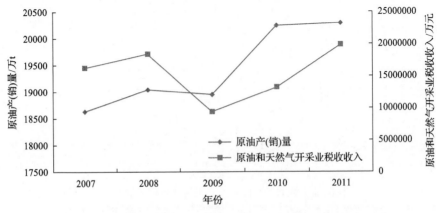

图 5-7　国内原油产(销)量与原油和天然气开采业税收收入走势图

年金融危机爆发，导致油价暴跌，直到 2010 年后，世界经济逐渐恢复，才使国际油价逐步回升到正常水平，从而也伴随着相关税收收入大幅度先跌后涨。由此可见，原油产(销)量虽然会对原油开采业相关税收产生一定影响，但国际油价仍在影响税收变化方面起主要作用。

3. 其他因素对我国石油开采行业税收的影响

(1)原油开采成本。事实上，油田开采时期不同对应着不同的开采成本。开采前期，由于开采初期包括勘探、设备和技术等的投资较大，开采成本较高；而开采中期，随着开采进程与产量相对稳定，原油开采成本也降低；然而到了开采后期，随着原油开采程度的加深和动用资源规模的扩大，未来油气勘探开发难度加大，对钻井等技术的要求更高，原油开采成本进一步上升。原油开采成本主要通过影响企业的利润，进而影响企业所得税的高低。

(2)人民币汇率。国际原油期货是以美元计价，而根据我国的石油定价机制，我国的原油价格是根据国际原油期货的价格确定的，在实际对外销售时，要以人民币价格进行交易，因此人民币汇率的变化会直接影响国内原油的销售价格。因此，国际油价也会通过人民币汇率对国内油价产生影响，进而影响我国石油开采行业的税收。

综合上述分析可以看出，虽然我国石油开采行业的税收是多种因素共同作用的结果，但是，国际油价波动仍是致使其变化的最主要的影响因素。本节将对国际油价波动对我国石油开采行业主要税收变化的影响进行进一步分析。

5.7.2 国际油价波动对我国石油开采行业税收影响的实证

1. 国际油价波动对我国石油开采行业税收的直接影响

图 5-8 为 2007～2011 年 WTI 原油现货价格、大庆原油价格与原油和天然气开采业税收收入的走势图。从图中可以看出，国内外油价的变化趋势基本与石油及其相关行业的税收走势一致，且呈现正相关关系，其税收随着国际油价与国内油价的上涨而增加，随着国际油价与国内油价的下跌而减少。具体来说，根据各种税种的计税方式，国内外油价波动会通过影响原油的销售价格与销售收入，进而影响采用售价和销售额计算税收收入的相关税收，主要包括资源税、增值税、企业所得税和特别收益金。

下面对国际油价波动对我国石油开采行业中影响较为明显的税收进行具体分析，主要包括增值税、企业所得税、资源税和特别收益金。

设原油价格为 P(以美元计价)，原油产(销)量为 Q，汇率为 M，税率为 17%(仅考虑陆地原油开采)，吨桶率为 7.31(以大庆原油为例)。

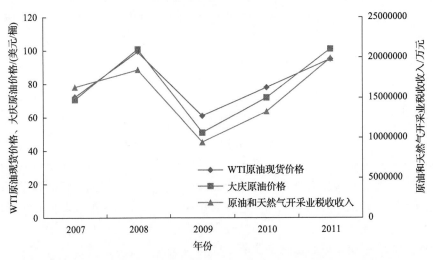

图 5-8　WTI 原油现货价格、大庆原油价格与原油和天然气开采业税收收入走势图

1) 国际油价波动对增值税的影响

增值税自 1994 年起在中国全面推行,并成为中国税制结构中占据第一位的主体税收。因此,国际油价波动导致的中国石油开采行业增值税税额的变动将会对总税收产生较大影响。

这里将通过增值税的计费方式及计算公式来分析油价波动对增值税税收的影响。其基本计算公式如下:

$$增值税应纳税额=销项税额-进项税额 \qquad (5\text{-}8)$$

式中,销项税额=销售收入×税率(陆地开采原油的税率为 17%,海洋石油和中外合作开采的原油按实物征收增值税,税率为 5%)。

对石油开采企业而言,可抵扣进项税额一般包括:①增值税扣税凭证上注明的增值税税额即准予从销项税额中抵扣的进项税额,即从销售方取得的增值税专用发票注明的增值税税额;②购进或销售货物及在生产经营过程中支付运输费用的,按照运输费用结算单据上注明的运输费用金额计算,扣除率为 7%。

基于原油产量的稳定性,可以假定进项税额为固定值 C。则增值税应纳税额 $=Q×P×M×7.31×(1-C)$。

原油价格变动对增值税应纳税额的影响为

$$Q×(P_2-P_1)×M×7.31×17\%=1.2427QM\Delta P \qquad (5\text{-}9)$$

式中,P_1 为变化前原油价格;P_2 为变化后原油价格;ΔP 为原油价格变化量。

从式 (5-9) 中可以明显看出:在汇率和销售数量保持一定的情况下,原油价格与增值税应纳税额呈现正相关关系,增值税应纳税额随着原油价格的上涨而增加,随着原油价格的下跌而减少；原油价格每变动 1 美元/Bbl，我国石油开采行业的增值税应纳税额就随之变化 1.2427QM 元。以 2014 年的数据为例，2014 年我国原油产(销)量为 21009.6 万 t，2014 年美元对人民币平均汇率为 6.1428，则原油价格变动 1 美元/Bbl，增值税应纳税额就会变化 160380.09 万元，即引起每吨原油增值税应纳税额变动 7.63 元/吨。由此可见，国际油价波动对我国石油开采行业增值税应纳税额变动的影响巨大。

2) 国际油价波动对企业所得税的影响

石油开采企业企业所得税的税率为 25%，企业所得税的计税依据为应纳税所得额，而应纳税所得额以企业利润为基础。应纳税所得额计算公式：应纳税额=企业所得税收入总额-不征税收入-免税收入-各项扣除-允许弥补的以前年度亏损。

对于我国石油开采行业而言，其主要收入为原油销售收入。因此，企业所得税收入总额可用原油的销售收入代替，即企业所得税收入总额=原油产(销)量(Q)×原油价格(P)×汇率(M)×吨桶率(7.31)；不征税收入、免税收入、各项扣除以及允许弥补的以前年度亏损记为固定值 A。

则企业所得税应纳税额为

$$(Q \times P \times M \times 7.31 - A) \times 25\% \tag{5-10}$$

原油价格变动对企业所得税税额的影响=$Q \times (P_2 - P_1) \times 7.31 \times 25\% = 1.8275QM\Delta P$

由此可以看出，在汇率和原油产(销)量保持基本稳定的前提下，国际油价波动与企业所得税税额呈现正相关关系，企业所得税税额随着原油价格的上涨而增加，随着原油价格的下跌而减少；原油价格每变动 1 美元/Bbl，我国石油开采行业的企业所得税就变动 1.8275QM 元。同样以 2014 年的数据为例，2014 年我国原油产(销)量为 21009.6 万 t，2014 年美元对人民币平均汇率为 6.1428，则原油价格变动 1 美元/Bbl，企业所得税税额就变动 235853.08 万元，即引起每吨原油企业所得税税额变动 11.23 元。前面经计算得出的原油价格变动 1 美元/Bbl 引起每吨原油增值税税额变动为 7.63 元，所以，原油价格变动对我国石油开采行业企业所得税的影响较增值税而言更大。

3) 国际油价波动对资源税的影响

2011 年 10 月 28 日，财政部发布《中华人民共和国资源税暂行条例实施细则》，规定自 2011 年 11 月 1 日起，石油、天然气将在全国范围内实行"从价征收"，税率为销售额的 6%，对于在开采原油过程中用于加热、修井的原油，免征资源税，即

资源税应纳税额=销售收入×税率=原油产(销)量(Q)×价格(P)×汇率(M)

$$\times 吨桶率(7.31) \times 税率(6\%) = Q \times P \times M \times 7.31 \times 6\% \tag{5-11}$$

原油价格变动对资源税税额的影响 $= Q \times (P_2 - P_1) \times M \times 7.31 \times 6\% = 0.4386QM\Delta P$

$$(5\text{-}12)$$

可以看出,原油价格波动对资源税税额的影响相对较小,原油价格每变动 1 美元/Bbl,我国石油开采行业的资源税税额将变动 $0.4386QM$ 元。若继续以 2014 年的数据为例,2014 年我国原油产(销)量为 21009.6 万 t,2014 年美元对人民币平均汇率为 6.1428,则原油价格变动 1 美元/Bbl,资源税税额变动 56604.74 万元,即引起每吨原油资源税税额变动 2.69 元/t。

4)国际油价波动对特别收益金的影响

自 2015 年 1 月 1 日起,将特别收益金起征点提高至 65 美元/Bbl,实行 5 级超额累进从价定率计征,按月计算、按季缴纳。表 5-4 为特别收益金征收标准。

表 5-4　特别收益金征收标准

原油价格/(美元/Bbl)	征收比率/%	速算扣除数(美元/Bbl)
65~70(含)	20	0
70~75(含)	25	0.25
75~80(含)	30	0.75
80~85(含)	35	1.50
85 以上	40	2.50

根据特别收益金的缴纳标准可以得出式(5-7),其中 P 为原油价格,W 为特别收益金:

$$W = \begin{cases} 0, & P \leqslant 65 \\ 0.2P - 13, & 65 < P \leqslant 70 \\ 0.25P - 16.75, & 70 < P \leqslant 75 \\ 0.3P - 21.25, & 75 < P \leqslant 80 \\ 0.35P - 26.75, & 80 < P \leqslant 85 \\ 0.4P - 33.5, & P > 85 \end{cases} \tag{5-13}$$

由于特别收益金起征点的上调,其征收税额减少。而且,就 2015 年的国际油价而言,我国的特别收益金已经下降到零。同时,根据第 3 章关于未来油价(基于 2015 年)的走势预测,2015 年的国际油价将持续在低位徘徊,最低可降至 50 美元/Bbl 以下,2015~2018 年三年中,国际油价将在 50~76 美元/Bbl 上下浮动,仅仅能达到特别收益金征收的较低水平的标准,因此,在短期内我国的特别收益金将基本维持在较低水平。但长期来看,油价仍能上涨到较高水平,同时,会带动特别收益金上涨。实际数据与测算基本吻合。

2. 国际油价波动对我国石油开采行业税收的间接影响

同时，国际油价波动除了会直接影响上述主要税收外，也会通过影响我国石油开采行业的投资状况，继而间接地影响探矿权使用费和采矿权使用费。

国际油价波动对税收的间接影响主要体现在探矿权使用费和采矿权使用费的变动上。国际油价的波动会对相关行业的投资产生一定的影响，而我国石油开采行业则是油价变化的直接利益相关者。一般来说，油价上涨会带动我国石油开采行业投资的增加，同时，也会提高石油开采行业的开采积极性，从而刺激开采者对开发和扩大矿区范围的积极性，而矿区范围的扩大则会使探矿权使用费和采矿权使用费增加；反之，油价下跌则会相应地导致投资减少，开采积极性降低，将会间接导致探矿权使用费和采矿权使用费减少。事实上，虽然国际油价波动会间接导致探矿权使用费和采矿权使用费发生变动，但是影响力度较小，并且要在相对较长的一段时间内才能显现出来。

3. 国际油价波动对我国石油开采行业未来总税收的影响

分析国际油价波动对我国石油开采行业主要税收——增值税、企业所得税、资源税和特别收益金的影响后发现：国际油价波动带来的增值税税额和企业所得税税额的变动最为明显，油价每变动 1 美元/Bbl，会引起我国石油开采行业增值税税额变动 7.63 元/t，企业所得税税额变动 11.23 元/t，同时，资源税税额会变动 2.69 元/t。

因此，根据美国能源署《全球能源展望展望 2015》中的未来油价走势图，可以对未来我国石油开采行业的税收收入进行一定程度的估算。图 5-9 为 2000～2014 年 6 月大庆原油与布伦特原油月平均价格走势图。从图中可以看出，由于我国在 2000 年以后，已经基本实现了国内油价与国际油价的接轨，大庆原油月平均

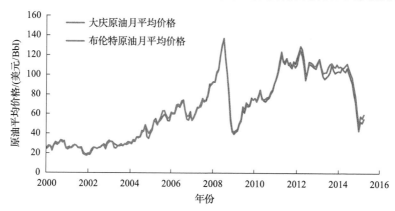

图 5-9　大庆原油与布伦特原油月平均价格走势图

价格走势基本与布伦特原油月平均价格走势相一致。因此，在计算我国石油开采行业的税收时，用布伦特原油价格来代替国内原油价格。

　　2014 年布伦特原油的月平均价格为 98.89 美元/Bbl，预计未来三年原油平均价格将会在 50～76 美元/Bbl，同比下降 22～48 美元/Bbl，在不考虑汇率和原油产(销)量变化的情况下，根据前面的计算结果可以得到，相比 2014 年，2015～2018 年我国石油开采行业每吨原油增值税税额减少 167.86～366.24 元/t，每吨原油企业所得税将减少 246.84～538.56 元/t，每吨原油资源税税额减少 59.18～129.12 元/t。

　　由于我国石油开采行业的税种中增值税、企业所得税和资源税占了绝大部分，国际油价波动对其他税收的影响相对较小，如城市建设维护税、教育附加费、探矿权使用费及采矿权使用费等。因此，2015～2018 年，我国石油开采行业的每吨原油总体税收(即增值税+企业所得税+资源税)减少 473.88～1033.92 元/t(以 2014 年汇率为基准)，以 2014 年我国原油产(销)量计算，则短期内，我国石油开采行业税收收入将会累计减少 995.60 亿～2172.22 亿元左右；但从长期来看，油价仍会回归高位，届时我国石油开采行业的税收状况将会好转。

5.7.3　结论与建议

　　本节以我国石油开采行业的税收为研究对象，以国际油价波动为基础，通过辨识影响国际油价波动的因素，进而对未来国际油价的走势进行简单的预测，得出：短期内国际油价仍将在低位徘徊，但长期来看，国际油价仍会上涨至较高价位并有所波动。

　　本节的主体部分通过分析国际油价波动对我国石油开采行业税收的影响机制，运用定量分析方法深入研究了国际油价波动对我国石油开采行业主要税收的影响，得出以下结论。

　　(1)国际油价每变动 1 美元/Bbl，会引起我国石油开采行业每吨原油增值税税额变动 7.63 元，每吨原油企业所得税税额变动 11.23 元，每吨资源税税额变动 2.69 元，同时，由于特别收益金的起征点上调至 65 美元/Bbl，而 2015～2018 年的原油价格基本保持在 30～50 美元/桶，因此，特别收益金短期内将会持续在较低水平徘徊；同时得出国际油价波动对其他税收的影响相对较小，包括城市建设维护税、教育附加费、探矿权使用费及采矿权使用费等。

　　(2)根据对未来原油价格走势的预测，得到了 2015～2018 年我国石油开采行业总的税收收入情况：以 2014 年布伦特原油月平均价格 98.89 美元/Bbl 为基准，2015～2018 年原油平均价格将会在 30～50 美元/Bbl，同比下降 48.89～68.89 美元/Bbl，在汇率和原油产(销)量波动较小的情况下，将会引起我国石油开采行业每吨原油总体税收收入减少 473.88～1033.92 元。若以 2014 年我国原油产(销)量为基准，则我国石油开采行业税收收入将会累计减少 995.60 亿～2172.22 亿元。

但从长期来看，国际油价仍会回归高位，届时我国石油开采行业税收的形势将会好转。

通过上述结论可以得出，国际油价波动对我国石油开采行业的税收有着明显的影响，对维持我国税收稳定较为不利。因此，为了规避国际油价波动给我国石油开采行业税收带来的影响，本书提出了三点建议。

一是提前预测油价，提高预测精度。基于石油在世界范围内的广泛使用，油价的未来走势也成为各个国家和地区关注的重中之重。因此，为了规避油价对我国石油开采行业税收的影响，相关部门应该做到提前预测油价的长期走势，同时，根据未来油价的波动规律，及时调整相应的税收政策，制定合理的财政预算方案。

二是完善石油税收体系，提高石油税费制度的灵活性。由于国际油价波动幅度较大且频繁，我国需要建立一个相对灵活的、将国际油价作为敏感因子的石油税收体系。同时，逐步完成将资源类税收转变为石油税收制度中的主体税收的过渡。对于石油行业而言，资源类税收相比增值税等一般性税收来说，具有一定的特殊性和灵活性，适当地灵活调整资源税税率，对于调节石油的市场供需情况、维持资源的可持续发展、调节税收具有重要意义。

三是调整能源产业结构，鼓励替代能源的发展。当前我国主要是由以煤炭、石油和天然气为依托的不可再生能源组成的能源发展结构，对新能源和替代能源的开发与投入相对不足。对于石油消费的极大依赖性放大了国际油价波动对我国石油开采行业税收的影响。因此，面对目前的情况，调整我国的能源产业结构变得至关重要。要优化我国的能源发展结构，实现能源的多元化发展，促进非常规能源的开发与利用，鼓励低碳绿色能源的发展，降低对石油的依赖性，实现能源的可持续发展，从而减弱油价波动给我国石油开采行业税收带来的影响。

第6章 国际油价波动非对称传导影响的对策研究

本章基于第2～5章的规范和实证方法,分析了国际油价对国内物价水平的非对称传导。本章的优化政策将以国际原油和国内物价水平两个方面为立足点分别展开。首先从国际原油角度出发,我国必须提高在国际原油市场上的话语权,以及应对国际油价波动的外部风险的能力,同时应该加快国内原油成品油定价机制改革。其次从管理价格水平和引导稳定市场预期着手管控国内物价水平。充分发挥市场价格的信息传递功能,为市场主体提供真实可靠的市场信息;政府实施经济政策时要时刻关注、引导和管理市场预期,减弱市场预期对政策实施效率的干扰。

6.1 提高我国国际市场影响力和抵抗石油风险能力

6.1.1 积极"走出去",增强我国在国际原油市场上的影响力

石油关乎我国的经济命脉,作为世界较大的石油进口国和石油消费国之一,我国在国际原油定价问题上始终不具备强大的影响力。而我国原油和成品油的实际供需状况不能在国际油价上有所体现。因此,政府和国内石油工业企业必须积极推行"走出去"的战略,增强我国的国际影响力。

从国家角度考虑,政府应积极开展能源外交,加强与国际上主要原油出口国的经贸联系和能源合作,为国内石油企业"走出去"战略提供有力的环境支持。与此同时,还要把握机遇,积极主动地参与到国际市场竞争中去,争夺原油定价权,改善我国在国际石油定价问题上的被动局面,强化我国在能源贸易中的主动权。

从国内石油企业角度考虑,人才是企业实现长足发展的关键因素。因此,要引进培养大量拥有扎实专业知识和丰富实战经验的人才,为"走出去"战略提供人才储备。在政府能源外交的配合与支持下,企业将发展的视角放置全球,把主动参与海外并购合作开发策略纳入战略规划中,积极融入国际竞争市场。同时企业应具备长远的眼光,不仅要"走出去"开发能源,也要通过引进消化学习国外先进的科学技术,深化油品加工产业链,出口高工艺水平的油品,在国际上树立具有我国技术特色的品牌。

6.1.2 强化应对国际油价波动风险的能力

我国要提高自身化解风险的能力,积极应对国际市场原油价格剧烈波动的不确定性,必须要做到以下三点:一是增加石油储备,为国家和企业发展提供充足

的后备储蓄;二是通过优化产业结构和能源结构的途径来降低对石油的依赖程度;三是建设期货交易中心,利用期货交易等金融衍生工具规避价格风险,将油价波动对我国物价水平产生冲击的风险降到最小,维持国内经济健康稳定增长。

1. 建设完善石油储备体系

石油储备作为国家战略安全的重要一环,安全、充足、稳定的原油供给能够有效地缓解国际油价波动和原油供给等因素对国内经济系统的冲击。我国应建设政府战略储备、机构储备和民间储备多层次的石油储备体系。目前主要的国际石油安全风险不是供给中断,而是如何以合理的价格购买原油。原油价格波动复杂,政府储备和民间储备在建设石油储备时需要充分考察、研究采购石油的合适的时机和合理的价格,以及制定合理的石油储备规模。2019 年,我国石油储备能满足 80 天需求,与 OECD 满足 90 天需求的要求还有一定的差距。如何在合适的时机以合理的价格采购石油是建设完善石油储备体系的关键。

2. 推动生产技术升级

提高应对油价波动冲击的风险能力要求降低以原油为原材料的有机产品的原油消耗。与美国、日本等发达国家相比,我国有机产品加工和成品油生产工艺不够成熟,生产粗放,原油的资源利用效率低下,造成大量资源浪费。粗放型生产技术加剧了国内原油供不应求的现状,国内需求对国际油价缺乏弹性。我国原油需求分为刚性需求和弹性需求。弹性需求是由粗放型生产方式引起的,但这种粗放型生产方式引起的需求可以通过升级生产技术来减少,从而降低我国的原油总需求。因此,政府和石油企业应积极引进先进的生产技术和专业人才,专注原油产品的核心加工技术升级,树立我国相关产品的国际品牌。由依靠大量消耗生产要素的粗放型生产方式向以技术创新为驱动的集约式生产方式转变,不仅能够缓解国内过热的原油需求,也利于国内石油工业企业加工制成品的出口,改善我国的贸易条件。

3. 推进原油期货市场建设

由于没有国际原油定价权,我国在石油贸易中一直缺乏主动权。这直接降低了我国应对油价冲击的能力,使我国在进出口贸易中处于劣势。为了应对石油风险,国内石油企业多通过国外期货市场开展对冲风险、套期保值操作。然而受地域、交易规则等因素阻碍,国内企业在交易实践中受到各种限制。因此,积极推进我国原油期货市场建设,为国内石油企业进行期货交易创造良好的市场环境是十分必要的。我国要健全相应的法律体系、交易规则等配套设施,利用优惠政策吸引更多国际市场投资者参与,逐渐形成以我国为中心的原油期货交易中心,解决国际原油供应与国内原油需求之间的不平衡问题,增强我国在国际原油市场中的主动性，提高应对油价冲击带来的不确定性的能力。

6.1.3　完善我国石油定价机制，改革制度性障碍

我国石油定价机制改革尽管大大增强了国内石油价格与国际市场的联动性，但是始终尚未完全实现市场化。新定价机制缩短了调整周期并取消了调整幅度限制，但是相对于国际市场，国内原油和成品油仍具有明显的滞后性。这扭曲了价格传导信息，干扰了市场主体的决策制定和预测判断。

1. 深化国有企业改革，引入市场竞争

在国内石油垄断的市场结构下，油价调整政策不透明，政府常常设定价格限制，形成价格上涨刚性。不合理的定价机制引发了价格不能灵活地反映市场供需状况，干扰经济正常运行和损害消费者利益的问题。因此，需要逐步打破石油行业垄断的格局，引入更多民营企业参与市场竞争，培育公平开放、竞争有序的石油市场。降低国内石油行业市场准入门槛时还要充分考虑处理好国有企业和民营企业的利益协调及国家安全的方法途径。

2. 转变政府职能

我国成品油定价机制改革要求定价政策透明，政府放权给市场。放低市场准入门槛、引入市场竞争对政府提出了更高的职能要求。更具竞争性、公允性的健康市场离不开政府的监管，特别是对具有垄断特征的原油、成品油市场，政府要制定合理高效的价格管制政策。政府要制定市场准入法规，制止市场非法行为，维护市场主体的合法权益，培育健康公允的市场环境。

6.2　加强价格管理，稳定国内价格水平

6.2.1　实施物价水平"区间管理"

物价水平在经济实际运行中保持一定范围内的波动是正常的。物价水平的"区间管理"将市场预测与市场机制相结合，加强了经济体系各种物价水平之间的协调性和关联性，降低了政策实施和外部环境的不确定性，有利于稳定物价水平。"区间管理"需要满足三个原则：选取价格指标有代表性、可靠性；管理目标价格有多层次性、动态性；制定目标区间有合理性、可行性。

1. 选取价格指标有代表性、可靠性原则

选取具有代表性、直观可靠的价格指标是实施物价水平"区间管理"的首要前提，否则就会导致政策实施效果出现偏差，给宏观经济调控带来干扰和负面影

响。本书选取 CPI 作为衡量消费物价水平的价格指标。尽管 CPI 和商品零售价格水平(RPI)是官方公布的衡量消费领域价格水平的两种指标，然而相比 RPI，CPI 核算更全面科学，更具有代表性。生产领域则选取 PPI 作为价格指标。要保障价格指标合理可靠就要求官方统计数据来源具有真实性、指数核算具有科学性和准确性，从而为各经济领域、产业部门目标“区间管理”提供必要条件。

2. 管理目标价格有多层次性、动态性原则

物价水平“区间管理”的目标价格是多层次的，不仅针对全社会的总价格水平，还包括消费、生产领域及不同产业部门的价格水平。针对目标价格的管理又是动态的，并非一成不变的，其必须随我国经济的发展和外部冲击的变化而变动。因此，政策制定者要立足于国内经济形势，时时监测国际石油市场状况，准确把握国际原油价格的变化趋势，适时调整设定适于国内经济发展的目标价格和目标区间，实现对国内物价水平的调节和控制。

3. 制定目标区间有合理性、可行性原则

物价水平的目标区间宽度和阈值的大小取决于经济增长速率、市场势力和市场化水平等因素。我国经济一直保持较快增长，这使我国的实际物价水平相对较高，因此阈值制定也应该偏高。而我国市场化水平较低，国内石油市场上存在政府价格管制和市场垄断的现实情形，这就要求我国要制定较大的区间宽度。

制定的阈值越高，区间宽度越大，则越利于目标的实现。然而阈值过高和过低、区间过宽和过窄都会使目标管理失去约束意义。因此，只有区间范围和物价水平阈值设定得合理可行，“区间管理”才能够起到稳定物价水平的作用。

6.2.2　提高协调管理能力，发挥价格的信息功能

经济系统自身存在一种能够自动应对外部干扰对其自身冲击的能力。市场主体能够通过市场价格捕获市场信息从而做出正确决策，熨平经济系统内部物价水平的短期波动。我国政府对经济干预较多，这在很大程度上阻碍了价格水平的信息传递，干扰了正常的经济活动和经济决策。因此，政府应该协调各宏观经济工具，如货币政策、财政政策及产业政策等，提高经济工具之间的协调性和关联性，尽可能地降低行政干预力度，充分发挥价格的信息功能，提高资源配置效率，以市场力量稳定价格水平。

6.2.3　谨慎制定经济政策，稳定市场预期

国际油价波动会影响到国内宏观经济系统的内生变量，如通货膨胀、失业率、经济产出。货币政策、财政政策等经济政策的实施短期内可能有利于国内经济的

平稳运行,但是实施不好则会干扰市场预期,形成物价波动惯性,扰乱市场秩序,使经济陷入恶性循环。因此,政府在制定宏观经济政策时不仅要关注国内生产和消费领域的一般价格水平并判断其未来走势,还要根据国际油价、市场预期等外部因素适时调整政策组合和实施力度。管理市场对价格水平走势的判断预期要求政策制定者必须谨慎实施宏观经济政策,在考虑短期经济形势时更应兼顾到经济的长期态势。

6.3　提高政府应对石油价格波动的能力

应鼓励支持石油企业对开采勘探技术进行投入,引导民间资金流入石油产业。在开发本国石油资源的同时需要到国外石油富足的地区进行石油开采,以增强国内石油供应多元化。例如,投资国外优质的石油开发项目以获得原油"份额股",以缓解国内石油消费需求的压力。只有不断加强原油自主开发的力度,降低国内经济发展对石油进口的依赖度,才能规避国际石油价格波动给国内经济带来的风险,同时能减轻进口国外石油资源给本国石油安全带来的压力。

6.3.1　建立石油战略储备,提高应对突发事件的能力

国家战略石油储备对于应对突发事件、缓解石油危机、保障国家安全、促进经济发展具有十分重要的现实及长远意义。当前,以美国、日本、西欧等发达国家和地区为代表,它们均大量建立了自己的石油储备。例如,美国于1977年正式开始储备石油,目前的石油储备体系包括政府战略储备和企业商业储备;日本1978年正式实施政府石油储备,如今已形成政府储备、企业法定储备和企业商业储备三个层次的石油储备体系;联邦德国于1978年建立国家石油储备联盟作为其直接储油组织,当前的德国石油储备包含三部分,机构储备、企业法定储备和商业储备。

中国目前尚未真正建立起严格意义上的战略石油储备,应变突发事件能力较弱。当国家石油生产供应或主要石油进口国出现重大事故或突发事件时,中国宏观经济运行将难免遭受冲击。可见,中国当前应当切实加快国家石油安全战略储备体系的建设,用以应对国际突发事件对我国石油消费的影响。

6.3.2　促进新型能源使用,减少对石油资源的依赖

中国的经济增长主要依靠要素投入推动,这导致消耗巨大的包括石油在内的能源。但是,由高能耗换回的经济增长逐渐减少,中国 GDP 增速从 1992 年的14.22%下降到 2013 年的 7.77%。更为重要的是,石油和煤炭等不可再生能源的消耗带来了严重的环境问题。与此同时,全球石油资源储备有限,未来可利用的石

油资源终将耗竭，大力开发作为石油资源替代产品的新型能源时不我待。

6.3.3　优化石油消费结构，提高石油供给能力

长期以来，工业生产和交通运输的石油消费量占据了中国所投放全部石油消费量的绝大部分。国家统计局数据显示，2000～2016 年，中国工业石油消费量与交通运输、仓储和邮政业石油消费量占全部石油消费量的比重平均达到 76.77%以上，其中工业石油消费量平均占比为 44.07%，交通运输、仓储和邮政业石油消费量平均占比为 32.70%。而农、林、牧、渔，水利业，建筑业，批发、零售业和住宿、餐饮业及其他行业的石油消费总量仅占全部石油消费量的 23.23%。这主要是由于中国目前正处于工业化进程的重要阶段，经济增长主要依靠要素投入，对包括石油在内的能源消耗巨大且依赖性较强。

经济增长模式决定了能源消耗结构，因此要从根本上改变我国当前高能耗的能源消费模式。优化石油消费需求结构应当先改变我国现行的经济结构和经济增长模式，将要素投入型经济增长模式发展成为以技术创新为主的知识投入型经济增长模式，从而减少能源消费需求和由此带来的环境污染。此外，受石油资源禀赋的限制，我国有限的石油资源储备无法满足巨大的石油消费需求。这就要求我国应当加强研究石油勘探、开采技术，以求保证国内石油供给能力，降低我国对石油产品的依赖，从而降低国际油价波动对我国产业结构造成的冲击具有十分重要的现实意义。

参 考 文 献

陈洪涛, 周德群, 王群伟. 2009. 石油金融学论纲. 能源技术与管理, 31(1): 125-128.

陈建宝, 李坤明. 2011. 国际油价对我国物价水平的非线性冲击——基于 STR 模型的研究. 厦门大学学报(哲学社会科学版), 86(5): 43-50.

陈淼, 李王欣欣. 2015. 外部冲击影响我国价格水平的传导机制分析: 以国际油价为例. 宏观经济研究, 37(8): 95-105.

陈卫东, 徐华, 郭琦. 2010. 国际石油价格复杂网络的动力学拓扑性质. 物理学报, 59(7): 4514-4523.

邓聚龙. 1982. 灰色控制系统. 华中工学院学报, 10(3): 11-20.

董秀成. 2014. 我国成品油价格市场化改革大趋势. 价格理论与实践, 34(5): 9-11.

杜金岷, 曾林阳. 2008. 国际石油价格波动对我国通货膨胀的影响——基于 VAR 的经验证据. 国际经贸探索, 24(7): 14-18.

范秋芳. 2007. 中国石油安全预警及对策研究. 合肥: 中国科学技术大学.

范英, 焦建玲. 2008. 石油价格: 理论与实证. 北京: 科学出版社.

封福育. 2013. 国际油价波动对国内物价水平的不对称影响——基于 STR 模型的实证分析. 经济评论, 34(1): 71-77.

戈登塔洛克, 李政军. 2001. 关税、垄断和偷窃的福利成本经济社会体制比较, 81(1): 47-51.

苟三勇. 2006. 对中国石油行业政府管制的分析研究. 商业研究, 49(2): 211-213.

顾惠祥, 袁莹. 2008. 价格变动对税收影响的实证分析. 扬州大学税务学院学报, 13(2): 27-31.

桂纕评, 李双妹. 2011. 基于油价上涨的中国价格传导机制研究——中国 CPI 被逐步推高的一个解释. 江西社会科学, 32(8): 94-99.

郭毓峰, 张意翔. 2009. 国内外原油价格相互作用机制及其对策研究. 中国人口(资源与环境), 20(2): 18-23.

韩智勇, 魏一鸣, 焦建玲, 等. 2004. 中国能源消费与经济增长的协整性与因果关系分析. 系统工程, 22(12): 17-21.

何凌云, 范英, 魏一鸣. 2006. 基于 Zipf 分析的 Brent 原油价格行为的实证研究. 复杂系统与复杂性科学, 3(1): 67-78.

胡琰琰. 2013. 我国石油行业寡头垄断与政府规制的完善. 西安石油大学学报(社会科学版), 22(3): 6-11.

黄赜琳. 2006. 国际石油价格波动对我国经济的影响及对策. 经济纵横, 22(3): 5-8.

回爽, 陈建明, 从荣刚. 2006. 我国汽油价格对原油价格不对称反应的研究. 运筹与管理, 15(6): 155-159.

纪瑶, 高新伟. 2014. 我国成品油定价机制研究综述与展望. 经济体制改革, 32(6): 139-143.

焦建玲, 范英, 张九天, 等. 2004a. 中国原油价格与国际原油价格的互动关系研究. 管理论坛, 16(7): 48-53.

焦建玲, 余炜彬, 范英, 等. 2004b. 关于我国石油价格体系的若干思考. 管理评论, 16(3): 3-7.

焦建玲, 范英, 魏一鸣, 等. 2006a. 基于 Zipf 的汽油价格行为研究. 系统工程理论与实践, 26(10): 44-49.

焦建玲, 范英, 魏一鸣. 2006b. 基于 VECM 的汽柴油价格不对称性分析. 中国管理科学, 23(3): 97-102.

李成, 王彬, 马文涛. 2010. 国际石油价格与通货膨胀的周期波动关系. 统计研究, 27(4): 28-36.

李大庆. 2013. 中国石油税费制度评析与展望. 石油化工管理干部学院学报, 15(3): 57-60.

李治国. 2012a. 从美元指数、黄金价格与原油价格关系看原油价格体制——微观数据及政策含义. 经济问题探索, (5): 14-19.

李治国. 2012b. 论成品油定价机制中的有限规制: 基于合谋的视角. 西安石油大学学报(社会科学版), 21(5): 1-6.

李治国, 郭景刚. 2013a. 国际原油价格波动对我国宏观经济的传导与影响——基于 SVAR 模型的实证分析. 经济经纬, (4): 54-59.

李治国, 郭景刚. 2013b. 中国原油和成品油价格的非对称实证研究——基于 2006 年-2011 年数据的非对称误差修正模型分析. Resources Science, 35(1): 66-73.

李治国, 周德田. 2013. 燃料油期货市场价格发现功能的研究——基于 2005-2012 年的数据. 中外能源, 18(9): 14-20.

李治国, 韩程, 齐素素. 2017. 成品油现行定价机制与成品油市场平衡关联研究. 中国石油大学(社会科学版), 33(4): 7-14.

李治国, 孙志远. 2016a. 基于 DEA 比较下的国有石油企业绩效研究. 甘肃科学学报, 28(2): 119-125.

李治国, 孙志远. 2016b. 行政垄断下我国石油行业效率及福利损失测度研究. 经济经纬, 33(1): 72-77.

李治国, 魏冬明. 2016. 国际油价波动对我国石油开采行业税收影响的实证研究. 河南科学, 34(8): 1337-1343.

李治国, 王梦瑜. 2017. 国际油价波动对国内消费物价水平传导非对称研究. 北京理工大学学报(社科版), 19(4): 28-35.

李治国, 王梦瑜. 2018. 国际油价波动对 PPI 非对称传导实证研究. 统计与决策, (2): 135-137.

李治国, 郭景刚, 周德田. 2012. 中国石油产业行政垄断及其绩效的实证研究. 当代财经, 33(6): 89-101.

李卓, 李林强. 2011. 国际原油价格波动对中国宏观经济影响的重新考察. 经济评论, 32(3): 77-87.

李卓, 邢宏洋. 2011. 国际石油价格波动对我国通货膨胀的影响——基于新凯恩斯 Phillips 曲线的研究. 国际贸易问题, 37(11): 18-30.

梁保. 1994. 必须加强石油成品油市场的管理. 桂海论丛, 10(3): 15-17.

梁强, 范英, 魏一鸣. 2008. 基于 PMRS 的期货加权油价多步预测方法. 管理科学学报, 11(6): 84-90.

林伯强, 牟敦国. 2008. 能源价格对宏观经济的影响——基于可计算一般均衡(CGE)的分析. 经济研究, 43(11): 88-101.

林伯强, 王锋. 2009. 能源价格上涨对中国一般价格水平的影响. 经济研究, 55(12): 66-79.

刘希宋, 陈蕊. 2004. 石油价格对国民经济波及效应研究. 经济师, 19(3): 9-10.

刘亦文, 胡宗义. 2009. 国际油价波动对我国经济影响的 CGE 分析. 经济数学, 26(4): 76-83.

罗建兵, 许敏兰. 2007. 合谋理论的演进与新发展. 产业经济评论, 6(3): 56-61.

马庆国, 王凯, 丁林. 2007. 基于 AHP 及 DEA 的石化行业上市公司经营效率评价. 中国石油大学学报(社会科学版), 23(2): 10-14.

马瑞永. 2010. 国际石油价格变动影响宏观经济的传导机制分析. 中国市场, 17(31): 12.

牛犁. 2005. 油价上涨对我国经济的影响. 中国金融, 56(19): 27-28.

彭树宏. 2013. 国内外垄断社会成本问题研究述评——基于理论分析与实证测算的视角. 西华大学学报(哲学社会科学版), 32(6): 108-111.

钱争鸣, 郭鹏辉, 高峰. 2005. 世界油价变动对我国经济影响的数量分析. 国际贸易问题, 31(8): 21-25.

曲晓燕, 张实桐, 伍艳艳. 2010. 固定基期价格指数的重要性以及转换方法研究. 中国物价, 22(8): 14-17.

任若恩, 樊茂清. 2010. 国际油价波动对中国宏观经济的影响——基于中国 IGEM 模型的经验研究. 世界经济, 70(12): 28-47.

任泽平, 潘文卿, 刘起运. 2007. 原油价格波动对中国物价的影响——基于投入产出价格模型. 统计研究, 24(11): 22-28.

佘升翔, 马超群, 陈彦玲, 等. 2007. 石油价格对经济社会影响的逆向思考. 中国能源, 29(4): 34-38.

沈志军. 2004. 国际原油价格飙升对中国经济的影响及其对策. 中国物价, 17(5): 34-37.

沈中元. 2004. 原油价格对中国物价的影响. 国际石油经济, 12(11): 45-49.

史丹. 2000. 国际油价的形成机制及对我国经济发展的影响. 经济研究, 46(12): 48-53.

宋洁琼. 2007. 石油价格波动对中国经济增长的影响. 上海: 上海交通大学.

田新翠, 雷钦礼, 吕月英. 2010. 基于非均衡理论研究国际石油价格波动对中国经济的影响. 数理统计与管理, 29(2): 294-304.

童光荣, 姜松. 2008. 基于非线性高斯随场动态模型的石油价格波动影响研究. 中国软科学, 23(4): 127-132.

王彬, 李成, 马文涛. 2010. 国际石油价格与通货膨胀的溢出效应及动态相关性. 财经研究, 55(4): 25-35.

王风云. 2007. 国际石油价格波动对我国通货膨胀影响的实证分析. 价格月刊, 28(7): 6-8.

王冠. 2008. 行政垄断对中国石油行业结构的影响分析. 济南: 山东大学.

王甲山, 王玉霞, 王赵亮. 2012. 基于国内外比价的油气资源税费改革研究. 价值工程, 31(23): 126-127.

王晶晶, 钱小平, 陈永福. 2014. 我国生猪产业链价格传递的非对称性研究——基于门限误差修正模型的实证分析. 农业技术经济, 33(2): 85-95.

王丽, 毛泽盛. 2014. 国际大宗商品价格波动对中国物价水平的影响研究——基于状态空间模型的估计. 武汉金融, 34(7): 18-21.

王梓薇, 刘铁忠. 2007. 石油价格安全与 GDP 波动的相关性研究. 价格理论与实践, 27(2): 30-31.

魏巍贤, 林伯强. 2007. 国内外石油价格波动性及其互动关系. 经济研究, 53(12): 130-141.

魏一鸣, 焦建玲, 梁强, 等. 2008. 油价长期高位对我国社会经济的影响与对策. 中国科学院院刊, 28(1): 11-15.

吴力波, 华民. 2008. 国际原油价格上涨对中国、美国和日本宏观经济的影响. 国际石油经济, 31(1): 32-37.

吴丽丽. 2008. 石油价格对中国经济增长影响研究的数据处理问题. 管理观察, 28(10): 193.

吴秋南. 2001. 管理石油价格风险. 国际石油经济, 9(1): 28-31.

吴翔, 刘金全, 隋建利. 2009. 国际原油价格波动对中国物价影响的传导机制分析. 资源科学, 31(12): 2110-2119.

吴振信, 薛冰, 王书平. 2011. 基于 VAR 模型的油价波动对我国经济影响分析. 中国管理科学, 19(1): 21-28.

许生. 2012. 石油财税法律制度研究. 经济研究参考, 34(38): 11-35.

杨茜, 武舜臣. 2015. 小麦国内外价格传导对称吗?——基于非对称误差修正模型的分析. 兰州财经大学学报, 31(6): 62-67.

杨宇, 陆奇岸. 2009. CPI、RPI 与 PPI 之间关系的实证研究——基于 VAR 模型的经济计量分析. 价格理论与实践, 29(5): 57-58.

仰炬, 耿洪洲, 王新奎, 等. 2009 我国成品油政府管制策略研究——兼论我国成品油定价机制改革. 财贸经济, 30(6): 109-114.

于渤, 迟春洁, 苏国福. 2002. 石油价格对国民经济影响测度模型. 数量经济技术经济研究, 19(5): 74-76.

于良春, 张伟. 2010. 中国行业性行政垄断的强度与效率损失研究. 经济研究, 56(3): 16-27.

于伟, 尹敬东. 2005. 国际原油价格冲击对我国经济影响的实证分析. 产业经济研究, 4(6): 11-19.

袁红林, 刘建. 2011. 国际油价波动对我国物价水平的影响及对策分析. 国际贸易, 30(7): 49-53.

曾冬梅. 2014. 当下石油成品油零售市场营销现状及应对策略. 中国市场, 21(17): 72-73, 79.

曾林阳. 2011. 国际石油现货价格波动对我国通货膨胀率波动的影响. 国际贸易问题, 37(4): 74-80.

曾秋根. 2005. 商品指数基金、油价上涨与通货膨胀预期的自我实现. 国际金融研究, 21(12): 42-44.

张红宝. 2011. 中国石油行业政府管制福利效应研究. 杭州: 浙江财经大学.

张辽, 李京晓, 杨成林. 2013. 中国石油资源的行业需求弹性: 估计与分析. 贵州财经大学学报, 31(3): 63-69.

张亚雄, 李继峰. 2010. 成品油价格上涨、行业补贴与我国经济发展的关联度. 改革, 23(8): 49-57.

章裕峰. 2010. 浅析中国行政垄断行业的规制——以石化行业为例. 中国市场, 17(41): 42-44.

赵文娟, 高新伟. 2013. 我国石油税费对成品油价格的影响分析. 价格理论与实践, 33(8): 71-72.

郑丽琳. 2013. 国际油价波动对中国物价水平影响的研究——基于协整和状态空间模型的估计. 经济经纬, 30(2): 116-120.

中国经济增长与宏观稳定课题组. 2008. 外部冲击与中国的通货膨胀. 经济研究, 54(5): 4-17.

中国人民银行营业管理部课题组, 杨国中, 姜再勇. 2009. 外部冲击与我国物价水平的决定——基于结构 VAR 模型的分析. 财经研究, 35(8): 91-104.

朱正亮, 张寿林. 1994. 加强石油成品油市场管理的设想. 石油商技, 12(1): 49-51.

Abreu D. 1986. Extreme equilibrium of oligopolistics super-game. Journal of Economic Theory, 39(1): 191-225.

Adelman M A. 1984. International oil agreements. Energy Journal, 5(3): 1-10.

Álvarez L J, Hurtado S, Sánchez I, et al. 2009. The impact of oil price changes on Spanish and euro area consumer price inflation. Occasional Papers, 28(1): 422-431.

Arrow K J, Chang S. 1982. Optimal pricing, use and exploration of uncertain natural resource stocks. Journal of Environmental Economics & Management, 9(1): 1-10.

Atkeson A, Kehoe P J. 1999. Models of energy use: Puuty-puuty versus puuty-clay. American Economic Review, 89(4): 1028-1043.

Bachmeier L J, Griffin J M. 2003. New evidence on asymmetric gasoline price responses. Review of Economics and Statistics, 85(3): 772-776.

Bacon R. 1991. Rockets and feathers: The asymmetric speed of adjustment of UK retail gasoline prices to cost changes. Energy Economics, 13(3): 211-218.

Balke N S, Brown S P A, Yücel M K. 1998. Crude oil and gasoline prices: An asymmetric relationship. Federal Reserve Bank of Dallas Economic Review, 14(1): 2-11.

Barro R J. 1984. Rational expectations and macroeconomics in 1984. American Economic Review, 74(2): 179-182.

Barsky R B, Kilian L. 2001. Do we really know that oil caused the great stagflation? A monetary alternative. NBER Macroeconomics Annual, 16(16): 137-183.

Barsky R B, Kilian L. 2004. Oil and the macroeconomy since the 1970s. Journal of Economic Perspectives, 18(4): 115-134.

Bernanke B S. 1983. Irreversibility, uncertainty and cyclical investment. Nber Working Papers, 98(1): 85-106.

Bernanke B S, Gertler M, Watson M. 1997. Systematic monetary policy and the effects of oil price shocks. Brookings Papers on Economic Activity, 28(1): 91-157.

Bohi D R. 1991. On the macroeconomic effects of energy. Resources & Energy, 13(2): 145-162.

Borenstein S, Cameron A C, Gilbert R. 1997. Do gasoline prices respond asymmetrically to crude oil price changes?. The Quarterly Journal of Economics, 112(1): 305-339.

BP. 2009. BP 世界能源统计(2009). 伦敦: BP.

BP. 2017. BP 世界能源统计年鉴(2017). 伦敦: BP.

Burbidge J, Harrison A. 1984. Testing for the effects of oil-price rises using vector autoregression. International Economic Review, 25(2): 459-484.

Carruth A A, Hooker M A, Oswald A J. 1998. Unemployment equilibria and input prices: Theory and evidence from the United States. The Review of Economics and Statistics, 80(4): 621-628.

Chai J, Guo J E, Meng L, et al. 2011. Exploring the core factors and its dynamic effects on oil price: An application on path analysis and BVAR-TVP Model. Energy Policy, 39(12): 8022-8036.

Chen L H, Miles M F, Kon S L. 2005. A threshold cointegration analysis of asymmetric price transmission from crude oil to gasoline prices. Economics Letters, 89(2): 233-239.

Chen S S. 2009. Oil price pass-through into inflation. Energy Economics, 31(1): 126-133.

Cologni A, Manera M. 2008. Oil prices, inflation and interest rates in a structural cointegrated VAR model for the G-7 countries. Energy Economics Journal, 30(3): 856-888.

Cuìado J, Pérez F. 2003. Do oil price shocks matter? evidence for some european countries. Energy Economics, 25(2): 137-154.

Cunado J, Gracia F P D. 2005. Oil prices, economic activity and inflation: Evidence for some Asian countries. Quarterly Review of Economics & Finance, 45(1): 65-83.

Darby M R. 1982. The price of oil and world inflation and recession. American Economic Review, 72(4): 738-751.

Dixit A K, Pindyck R S. 1995. The options approach to capital investment. Long Range Planning, 28(28): 129.

Doroodian K, Boyd R. 2003. The linkage between oil price shocks and economic growth with inflation in the presence of technological advances: A CGE Model. Energy Policy, 31(10): 989-1006.

Edelstein P, Kilian L. 2007. The response of business fixed investment to changes in energy prices: A test of some hypotheses about the transmission of energy price shocks. B E Journal of Macroeconomics, 7(1): 1-41.

Elzinga K G, Hogarty T F. 1973. The problem of geographic market delineation in anti-merger suits. Antitrust Bulletin, 18(1): 45-81.

Elzinga K G, Hogarty T F. 1984. The problem' of geographic market delineation in anti-merger suits. Journal of Reprints for Antitrust Law and Economics, 14(15): 499-506.

Farzanegan M R, Markwardt G. 2009. The effects of oil price shocks on the Iranian economy. Energy Economics, 31(1): 134-151.

Ferderer J P. 1996. Oil price volatility and the macroeconomy. Journal of Macroeconomics, 18(1): 1-26.

Finn M G. 2000. Perfect competition and the effects of energy price increases on economic activity. Journal of Money Credit and Banking, 32(7): 400-416.

Fried E R, Charles L S. 1975. Overview, higher oil prices and the world economy, Washington, D C: The Brookings Institution.

Friedman J. 1971. A noncooperative equilibrium of super-game. Review of Economic Studies, 40(3): 435-435.

Godby R, Lintner A M, Stengos T, et al. 2000. Testing for asymmetric pricing in the Canadian retail gasoline market. Energy Economics, 22(3): 98-106.

Guo H, Kliesen K L. 2005. Oil price volatility and U.S. macroeconomic activity. Federal Reserve Bank of St. Louis Review, 87(6): 669-683.

Hahn E. 2003. Pass-through of external shocks to euro area inflation. ECB working paper.

Hakan B, Kamuran M. 2000. The implicit reaction function of the Central Bank of the Republic of Turkey. Applied Economics Letters, 7(7): 425-430.

Hamilton J D. 1983. Oil and the macroeconomy since World War II. Journal of Political Economy, 91(2): 228-248.

Hamilton J D. 1988. A neoclassical model of unemployment and the business cycle. Journal of Political Economy, 96(3): 593-617.

Hamilton J D. 1989. A new approach to the economic analysis of nonstationary time series and the business cycle. Econometrica, 57(2): 357-384.

Hamilton J D. 1996. This is what happened to the oil price-macroeconomy relationship. Journal of Monetary Economics, 38(2): 215-220.

Hamilton J D, Herrera A M. 2004. Comment: Oil shocks and aggregate macroeconomic behavior: The role of monetary policy. Journal of Money Credit & Banking, 36(2): 265-286.

Hoover K D, Perez S J. 1994. Money may matter, but how could you know?. Journal of Monetary Economics, 34(1): 89-99.

Hotelling H. 1931. The economics of exhaustible resources. Journal of Political Economy, 39(2): 137-175.

Hubbard R G. 1986. Supply shocks and price adjustment in the world oil market. Quarterly Journal of Economics, 101(1): 85-102.

Huntington H G. 2003. Energy disruptions, interfirm price effects and the aggregate economy. Energy Economics, 25(2): 119-136.

Johnson R N. 2002. Search costs, lags and prices at the pump. Review of Industrial Organization, 20(1): 33-50.

Jones D W, Paik L I K. 2004. Oil price shocks and the macroeconomy: What has been learned since 1996. The Energy Journal, 25(2): 1-32.

Karrenbrock J D. 1991. The behaviors of retail gasoline prices: Symmetric or not. Review, 73(8): 19-29.

Kaufmann R K, Laskowski C. 2005. Causes for an asymmetric relation between the price of crude oil and refined petroleum products. Energy Policy, 33(12): 1587-1596.

Kilian L, Park C. 2009. The impact of oil price shocks on the U.S. stock market. International Economic Review, 50(4): 1267-1287.

Kleit A N. 2001. Are regional oil markets growing closer together? An arbitrage cost approach. The Energy Journal, 22(2): 1-15.

Knut A M, Oystein O, Hans T M. 1994. Macroeconomic responses to oil price increases and decreases in seven OECD countries. Energy Journal, 15(4): 19-35.

Kormilitsina A. 2011. Oil price shocks and the optimality of monetary policy. Review of Economic Dynamics, 14(1): 199-223.

Lee B R, Lee K, Ratti R A. 2001. Monetary policy, oil price shocks, and the Japanese economy. Japan & the World Economy, 13(3): 321-349.

Lee K, Ni S, Ratti R A. 1995. Oil shocks and the macroeconomy: The role of price variability. Energy Journal, 16(4): 39-56.

Leibenstein H. 1966. Allocative efficiency vs. "X-efficiency". American Economic Review, 56(3): 392-415.

Lilien D M. 1982. Sectoral shifts and cyclical unemployment. Journal of Political Economy, 90(4): 777-793.

Limin D, He Y N, Chu W. 2010. The relationship between oil price shocks and China's macro-economy: An empirical analysis. Energy Policy, 38(8): 4142-4151.

Lin S X, Tamvakis M N. 2001. Spillover effects in energy futures markets. Energy Economics, 23(1): 43-56.

Locatelli C. 2006. The Russian oil industry between public and private governance: Obstacles to international oil companies' investment strategies. Energy Policy, 34(9): 1075-1085.

Loungani P. 1986. Oil price shocks and the dispersion hypothesis. Review of Economics & Statistics, 68(3): 536-539.

Mansor H I. 2015. Oil and food prices in Malaysia: A nonlinear ARDL analysis. Agricultural and Food Economics, 3(1): 1-14.

Martin F. 2011. Have rising oil prices become a greater threat to price stability. Federal Reserve Bank of Kansas City: Working Papers.

Mork K A. 1989. Oil and the macroeconomy when prices go up and down: An extension of Hamilton's results. Journal of Political Economy, 97(3): 740-744.

Nakov A, Nuño G. 2011. A general equilibrium model of the oil market. Electronic Journal, 23(1): 3-36.

Papapetrou E. 2001. Oil price shocks, stock market, economic activity and employment in Greece. Energy Economics, 23(5): 511-532.

Percebois J. 1999. The gas deregulation process in Europe: Economic and political approach. Energy Policy, 27(1): 9-15.

Phiri A. 2015. Asymmetric cointegration and causality effects between financial development and economic growth in South Africa. Studies in Economics and Finance, 32(4): 464-484.

Pindyck R S. 1980. Uncertainty and exhaustible resource markets. Journal of Political Economy, 88(6): 1203-1225.

Rasche R H, Tatom J A. 1977. The effects of the new energy regime on economic capacity, production and prices. Economic Review, 59(5): 2-12.

Ripple R D. 2001. West coast petroleum industry in the1990s: Isolated or globally integrated?. Oil Gas and Energy Quarterly, 50(1): 105-137.

Robinson C. 2000. Energy economists and economic liberalism. Energy Journal, 21(2): 42-50.

Rotemberg J J, Woodford M. 1996. Imperfect competition and the effects of energy price increases on economic activity. Journal of Money Credit & Banking, 28(4): 550-577.

Sadorsky P. 2000. The emprical relationship between energy futures prices and exchange rates. Energy Economics, 22(2): 253-266.

Sauer D. 1994. Measuring economic markets for imported crude oil. Energy Journal, 15(2): 107-127.

Schmidt R H. 1988. Hotelling's rule repealed? An examination of exhaustible resource pricing. Federal Reserve Bank of San Francisco Economic Review, Fall: 41-54.

Segal P. 2007. Why Do Oil Price Shocks No Longer Shock? Oxford: University of Oxford.

Selin O, Isil A. 2015. Inflationary effects of oil prices and domestic gasoline prices: Markov-switching-VAR analysis. Pattern Recognition Letters, 12(2): 355-365.

Serletis A. 1991. Rational expectations, risk and efficiency in energy futures markets. Quantitative and Empirical Analysis of Energy Markets, (3): 111-115.

Severin B A. 1997. Do gasoline prices respond asymmetrically to crude oil price changes?. Quarterly Journal of Economics, 112(2): 305-339.

Shawkat H, Li H M, Bang J. 2003. Causality and volatility spillovers among petroleum prices of WTI, gasoline and heating oil in different locations. North American Journal of Economics and Finance, 14(1): 89-114.

Singer E. 2007. Oil price volatility and the US Macroeconomy: 1983-2006. Carleton College Working Paper.

Stigler G A. 1989. Theory of oligopoly. Journal of Political Economy, 72(1): 44-61.

Stigler G J. 1971. The theory of economic regulation. Bell Journal of Economics, 2(1): 3-21.

Surajit D, Sukanya B, Bhanumurthy N R. 2014. Oil Price Shock, Pass-Through Policy and its impact on india. Berlin: springer-verlag.

Tong B, Wu C, Zhou C. 2013. Modeling the co-movements between crude oil and refined petroleum markets. Energy Economics, 40(2): 882-897.

Uri N D, Boyd R. 1997. An evaluation of the economic effects of higher energy prices in Mexico. Energy Policy, 25(2): 205-215.

Weiner R. 1991. Is the world oil market "one great pool". Energy Journal, 12(3): 95-107.

Wu L, Li J, Zhang Z X. 2013. Inflationary effect of oil-price shocks in an imperfect market: A partial transmission input-output analysis. Journal of Policy Modeling, 35(2): 354-369.